François-René de Chateaubriand

ERINNERUNGEN AUS ITALIEN, ENGLAND UND AMERIKA

François-René de Chateaubriand

ERINNERUNGEN AUS ITALIEN, ENGLAND UND AMERIKA

*Aus dem Französischen
von Wilhelm Adolf Lindau*

*Mit einem Nachwort
von Johannes Willms*

Bibliotheca Anna Amalia

Süddeutsche Zeitung Edition

Mit freundlicher Unterstützung
der Herzogin Anna Amalia Bibliothek
und der Klassik Stiftung Weimar.

Die editorische Betreuung erfolgte
durch die Aufbau Verlagsgruppe.

aufbau ⊥

VERLAGSGRUPPE

Gestaltung: Eberhard Wolf
Grafik: Julia Wolf
Satz: Aufbau Verlagsgruppe GmbH, Berlin
Bild Chateaubriand: SV Bilderdienst
Pflanzenornament aus den Grisaille-Fenstern des Altenberger Doms,
genehmigt vom Altenberger Dom-Verein e.V., Bergisch Gladbach
Herstellung: H. Weixler, H. Schiffers
Druck und Bindearbeiten: Ebner & Spiegel, Ulm
Printed in Germany

ISBN: 978-3-86615-409-4

ERINNERUNGEN AUS ITALIEN.

I.

Rom und die Umgegend.

An Herrn von Fontanes.

Ich komme von Neapel, mein theurer Freund, und bringe Ihnen die Früchte meiner Reise, worauf Sie ein Recht haben, einige Blätter von dem Lorber auf Virgils Grabe. Tenet nunc Parthenope. Längst hätte ich Ihnen etwas von diesem klassischen Boden sagen sollen, der für einen Geist, wie der Ihrige, so viel Anziehendes haben muß. Doch manches hielt mich ab. Aber ich will Rom nicht verlassen, ohne Ihnen ein paar Worte über diese berühmte Stadt zu sagen. Wir hatten die Abrede genommen, daß ich Ihnen alles, was ich über Italien denken würde, wie es mir einfiele und ohne strengen Zusammenhang, schreiben sollte, so wie ich Ihnen einst den Eindruck schilderte, den die Einöden der neuen Welt auf mein Herz machten. Ohne weitere Vorrede will ich Ihnen also eine allgemeine Ansicht von Rom's *Außenlinien* mittheilen, das heißt, von seiner Umgegend und seinen Bautrümmern.

Sie kennen alles, mein Freund, was über diesen Gegenstand geschrieben ist; aber ich weiß nicht, ob Ihnen die Reisenden von dem Bilde, das die Gegend von Rom darbietet, eine richtige Ansicht gegeben haben. Denken Sie sich so etwas, wie die Zerstörung von Tyrus und von Babylon, wovon die Bibel redet; ein Schweigen und eine Einsamkeit, so unermeßlich, als das Geräusch und der Lärm der Menschen, die sich einst auf diesem Boden drängten. Man glaubt hier jene Verwünschung des Propheten *Jesaias* zu hören: *Zwei Dinge werden zugleich dir begegnen an einem Tage, Unfruchtbarkeit und Wittwenschaft.* Man sieht hier und da einige Ueberreste römischer Straßen, an Orten, wo kein Mensch mehr wandelt; einige

Spuren ausgetrockneter Winterströme, welche, aus der Ferne gesehen selbst wie große, viel betretene, Heerwege erscheinen, und doch sind sie nur das Bett einer stürmischen Flut, die zerronnen ist, wie das römische Volk. Kaum erblickt man einige Bäume; aber überall Trümmer von Wasserleitungen* und Gräbern, welche die einheimischen Wälder und Pflanzen eines Bodens zu sein scheinen, der aus dem Staube der Todten und dem Schutte der Reiche besteht. Oft glaubte ich in einer großen Ebene reiche Ernten zu sehen; aber wenn ich näher kam, fand ich nur verwelkte Kräuter, die mein Auge getäuscht hatten. Unter diesen unfruchtbaren Ernten findet man zuweilen die Spuren eines alten Anbaues. Keine Vögel, keine Ackerleute, kein Heerdengebrüll, keine Dörfer. Nur wenige verfallene Pachthöfe zeigen sich auf den nackten Gefilden; Fenster und Thüren sind verschlossen, es kommt kein Rauch heraus, kein Geräusch, kein Bewohner; nur eine halb nackte, blasse, vom Fieber abgezehrte, einem Wilden ähnliche, Gestalt hütet die traurige Hütte, und erinnert an die Gespenster, welche in unsern Mährchen den Eingang verwünschter Schlösser vertheidigen. Kurz, man möchte sagen, kein Volk habe es gewagt, den Weltherrschern auf ihrem heimathlichen Boden nachzufolgen, und man sehe diese Gefilde noch gerade so, wie die Pflugschar des Cincinnatus, oder der letzte römische Pflug, sie zurückgelassen hat.**

---

* Man lese darüber *Stollbergs* Reise in Deutschland, der Schweiz, Italien und Sicilien, Bd. 2, S. 153. Es gab 24, später nur 14 Wasserleitungen in Rom. Die älteste war die unterirdische, welche im Jahre Roms 442 aus den Bergen bei Tusculum, unter der *Porta Capena* in die Stadt geleitet wurde. *D. Ueb.*

** Fast mit denselben Zügen schildert Bonstetten (Voyage sur la scène des six derniers livres de l'Enéide – Genève, l'an XIII.) die Gegend von Rom: »Auf dem Capitol steht die Göttinn *Roma*. Hätte dieses Marmorbild Empfindung, welche Qual würde es für die Göttinn ge-

Mitten auf diesem verwilderten Boden, erhebt sich der große Schatten der ewigen Stadt. Ihrer irdischen Macht beraubt, scheint sie sich in ihrem Stolze ganz abgeschieden zu haben; sie hat sich getrennt von den übrigen Städten der Erde, und gleich einer Königinn, die vom Throne gefallen, ihr Unglück großherzig in der Einsamkeit verborgen.

Vergebens würde ich versuchen, Ihnen zu schildern, was ich empfunden, als Rom mir plötzlich mitten unter seinen leeren Königreichen erschien; es scheint sich für uns aus dem Grabe zu erheben, worin es gelegen. Suchen Sie sich die Bestürzung und das Erstaunen zu denken, das die Profeten empfanden, wenn Gott das Gesicht irgend einer Stadt, woran er das Schicksal seines Volkes geknüpft hatte, ihnen sandte; *es war wie das Gesicht eines Glanzes.** Erinnerungen und Empfindungen ohne Zahl bestürmen uns, und unsere Seele wird

wesen sein, seit so vielen Jahrhunderten die Einöden zu sehen, die diese einst so prachtvolle Stadt umgaben! – Mit dem Capitol scheint das Menschengeschlecht aufzuhören, die Einöde fängt schon in Rom selbst an; über dem Tempel der Vesta, über dem Forum hinaus, sieht man fast nichts, als verfallene Kirchen, verlassene Klöster, alte Hütten, einige Heuschuppen, Gärten und einsame Weinberge. Geht man aus dem Thore San Paolo, so erblickt man nur einige verlassene Häuser, die kaum von blassen Gespenstergestalten gehütet werden.« Derselbe sagt: »Die römischen Pachter sind gerade das Gegentheil der englischen. Sie thun so wenig als möglich für den Boden; sie haben nur so viele Ochsen, als sie zur Feldarbeit brauchen, und diese irren während des ganzen Jahres im Freien umher, ohne Vortheil für die Felder. Der englische Pachter verläßt, einem zärtlichen Vater gleich, nie das Feld, das er bereichert; der römische reitet drei- oder viermal im Jahre darüber, mit einem Worte, während jener bemüht ist, zu pflanzen, wiederherzustellen und zu verbessern, denkt dieser bloß daran, zu mähen, zu zerstören und erschöpfen, so viel, als der reichste Boden, den es vielleicht in Europa gibt, erschöpft werden kann.« *D. Ueb.*
* Hesekiel.

überwältigt bei dem Anblicke dieses Roms, das zweimal das Erbtheil der Welt überkommen hat, als Erbinn von Saturnus und von Jakob.

Vielleicht, lieber Freund, glauben Sie, nach dieser Beschreibung, es gebe nichts abscheulicheres, als die römischen Gefilde. Sie würden sich sehr irren; denn jene Gefilde haben einen unbegreiflich großen Charakter, und immer noch möchte man bei ihrem Anblicke mit Virgil ausrufen:*

> Heil dir, Mutter der Früchte,
> Saturnisches Land,
> und der Männer Pflegerinn.

Wenn Sie das Land mit den Augen eines Landwirthes betrachten, so werden Sie unbefriedigt sein, richten Sie aber als Künstler, als Dichter, selbst als Philosoph, ihre Blicke darauf, so werden Sie vielleicht nicht wünschen, es anders zu finden. Der Anblick eines Getreidefeldes, oder eines Rebhügels, würde nicht einen so mächtigen Eindruck auf Ihre Seele machen, als der Anblick dieses Gefildes, dessen neuer Anbau den Boden nicht verjüngt hat, und das gleichsam alterthümlich geblieben ist, wie die Bautrümmer, welche es bedecken.

Es gibt nichts Schöneres, als die Gränzlinien des römischen Himmels, als die sanfte Abdachung der Ebenen und die zarten flüchtigen Umrisse der Berge, welche dieselben begränzen. Die Thäler gleichen oft einer Rennbahn, einem Circus, einem Hippodromus; die Hügel sind hier stufenförmig abgestochen, als ob die gewaltige Römerhand alles Erdreich weggeräumt hätte. Ein eigenthümlicher Duft, der in den Fernen verbreitet ist, rundet alle Gegenstände, und vertreibt, was hart und scharf in ihren Bildungen auffallen könnte. Die Schatten sind hier nie

---

* Salve, magna parens frugum, Saturnia tellus, Magna virum!

Georg. II, 173.

hart und schwarz, und selbst in die dunkelsten Massen der Felsen und des Laubes fällt immer ein wenig Licht ein. Eine wunderbar einigende Tinte vermählt Erde, Himmel und Wasser; alle Oberflächen werden durch eine unmerkliche Steigerung der Farben in ihren äußersten Gränzen verschmolzen, ohne daß sich der Punkt angeben ließe, wo ein Farbenton endige und der andre anfange. Sie haben gewiß in den Landschaften unseres *Claude Lorrain* jenes Licht bewundert, das idealisch und schöner, als die Natur, zu sein scheint; nun da haben Sie das römische Licht.

Ich ward nicht müde, in der *Villa Borghese* den Untergang der Sonne zu betrachten, wenn sie hinter den Cypressen des *Monte Mario*, oder hinter den, von Le Rotre gepflanzten, Fichten der *Villa Pamfili* sank. Oft bin ich auch auf dem *Ponte Molle**** über die Tiber gegangen, um dieses große Abendschauspiel zu sehen. Die Spitzen der sabinischen Berge sind alsdann mit Himmelblau und blassem Golde umkleidet, während ein dunkelblauer oder purpurfarbiger Duft ihren Fuß und ihre Seiten umhüllt.** Zuweilen werden schöne Wolken, leichten Wagen gleich, von dem Abendwinde gar anmuthig fortgetragen, und man vermag die Erscheinung der Olympbewohner unter diesem mythologischen Himmel sich zu deuten; zuweilen scheint die alte Roma im Abend alle Purpurgewande seiner Consuln und seiner Cäsarn unter den letzten Schritten des Sonnengottes auszubreiten. Diese reiche Verzierung schwindet nicht so schnell, als an unserm Himmel; wenn man glaubt, die Farbenpracht werde erlöschen, so lebt sie plötzlich wieder auf in einer andern Gegend des Himmelgewölbes; Dämmerung scheint auf Dämmerung zu folgen, und es verlängert sich der Zauber des Abendlichts.

* Eine Brücke oberhalb Rom.
** Diese Bergkette zieht sich ungefähr drei Meilen östlich von Rom.

Freilich erschallt zu dieser Stunde, wo die Felder ruhen, die Luft nicht mehr von den Gesängen der Hirten; es gibt keine Hirten mehr, aber man sieht noch die großen *Opferthiere des Clytumnus,** weiße Ochsen und Heerden halb wilder Stuten, die allein an dem Gestade der Tiber hinab ziehen und aus ihren Wellen trinken. Man glaubt sich versetzt in die Zeiten der Sabiner, oder des Arkadiers Evander,** *der Hirten der Völker,**** wo die Tiber noch *Albula* hieß und der fromme Aeneas an ihren unbekannten Ufern hinauf ruderte.

Ich will es nicht läugnen, Neapel hat vielleicht eine blendend schönere Umgegend, als Rom. Wenn die vollglühende Sonne, oder der volle hochrothe Mond, wie eine Kugel, die der Feuerberg ausgeworfen, über dem Vesuv sich erhebt, so bieten die Bai von Neapel, mit den Reihen von Pomeranzenbäumen auf ihren Gestaden, die Berge von Sorento, die Insel Capri, die Küsten von Posilipo, Bajä, Misenum, Cuma, der Avernus, die elysäischen Gefilde, und der ganze virgilische Boden, einen bezaubernden Anblick dar, aber es ist hier nicht die Großheit der römischen Landschaft. So viel ist wenigstens nicht zu läugnen, daß man sich wunderbar zu diesem berühmten Boden hingezogen fühlt. Es sind zweitausend Jahre, als Cicero unter dem Himmel Asiens im Elende zu leben glaubte, und an seine Freunde schrieb: *In Rom mußt du wohnen, in jenem Lichte leben!** Dieser Reiz des schönen

---

   * Heerden von hier, schneeweiß, und der Farr', o Clytumnus, der Opfer
      Größestes, oft in deinem geheiligten Strome gebadet,
      Führete Roms Triumphe hinauf zu der Himmlischen Tempeln
             Virgil vom Landbau, nach Voß, B. II. 489.
  ** Er ließ sich 1244 vor Christus mit 300 Pelasgern an der Tiber nieder. *Der Ueb.*
*** *Homer.*

Ausoniens ist noch nicht verloren. Man kennt viele Reisende, welche nach Rom in der Absicht kamen, nur wenige Tage zu verweilen, und ihr ganzes Leben dort zubrachten. *Poussin* mußte in dieser Heimath schöner Landschaften sterben, und in dem Augenblicke, wo ich dieß schreibe, habe ich das Glück, den Herrn von *Azincourt* zu kennen, der seit 25 Jahren hier lebt, und Frankreich auch seinen *Winckelmann* verspricht.

Wer sich ausschließend mit dem Studium des Alterthums und der schönen Künste beschäftigt, oder wer nicht mehr durch irgend ein Band im Leben gebunden ist, muß in Rom wohnen. Da wird seine Gesellschaft ein Boden sein, der Betrachtungen in ihm erweckt und sein Herz beschäftigt, er wird Spaziergänge finden, die ihm immer etwas zu sagen haben. Der Stein, den er mit Füßen tritt, redet zu ihm, und der Staub, welchen der Wind unter seinen Tritten aufweht, enthält Ueberreste menschlicher Größe. Ist er unglücklich, hat er die Asche seiner Lieben mit der Asche so vieler erlauchten Todten vermischt, so wird er mit innigem Gefühle von dem Grabe der Scipionen zu dem Grabhügel eines edlen Freundes wandern, oder von dem prächtigen Denkmale der *Cäcilia Metella* zu dem einfachen Sarge eines unglücklichen Weibes. Er wird dem Wahne sich hingeben können, daß die geliebten Schatten gern um jene Denkmale irren mit dem Schatten eines Cicero, der noch um seine theure Tullia weint, oder einer Agrippina, welche noch die Urne des Germanicus umfaßt. Ist er ein Christ, o wie könnte er sich losreißen von diesem Boden, der seine Heimath geworden, von diesem Boden, auf welchem ein neues Reich erstanden, heiliger in seiner Wiege, und größer in seiner Macht, als das Reich, das ihm voran gegangen; von jenem Boden, wo unsere verlorenen Freunde, die mit den Heiligen in

---

* Urbem, mi Rufe, cole et in ista luce vive.

den Katakomben unter den Augen des Vaters der Glaubigen schlafen, zuerst, wie es scheint, aus dem Staube erwachen müssen und dem Himmel näher sind.

Rom gleicht zwar in seinem Innern jetzt den meisten europäischen Städten, hat aber eine auffallende Eigenthümlichkeit. In keiner andern Stadt sieht man eine solche Mischung von Bauwerken* und Trümmern, von *Agrippa's Pantheon* an bis zu *Belisar's* gothischen Mauern, von den Denkmalen, die von Alexandria gekommen, bis zu dem Dome, den *Michel-Angelo* erbaut hat. Die Schönheit der Frauen ist ein anderer auszeichnender Zug; ihre Haltung und ihr Gang erinnern an die Clelien und Cornelien, und man glaubt, die Marmorbilder der Juno und der Pallas zu sehen, welche, von ihren Fußgestellen herabgestiegen, um ihre Tempel wandeln. Auch findet man bei den Römern jenen Farbeton des Fleisches, den die Mahler *historische Farbe* nennen und in ihren Werken anbringen. Es däucht uns natürlich, daß Menschen, deren Ahnen eine so große Rolle auf der Erde spielten, den Rafaelen und Dominichino's als Muster gedient haben, wenn sie geschichtliche Gestalten darstellen wollten.

Eine andre sonderbare Eigenheit der Stadt Rom, sind jene Ziegenheerden, und vorzüglich die Gespanne großer Ochsen mit ungeheuren Hörnern, die man am Fuße der ägyptischen Obelisken, unter den Trümmern des Forums, und unter jenen Bogen liegen sieht, wo sie einst vorüber gezogen, um römische Sieger zu jenem Capitole zu führen, das Cicero den *Weltrath* nennt.

---

* Wir verweisen den deutschen Leser auf die vollständige, durch treue Abbildungen veranschaulichte, Beschreibung der römischen Denkmale der Baukunst, sowohl der antiken als modernen, welche *Weinligs Briefe über Rom*, in 3 Heften, (Dresden, 1782–1787) enthalten.

Der Ueb.

Mit dem gewöhnlichen Geräusche großer Städte, vereint sich hier das Geräusch der Wasser, die man überall hört, als ob man noch in der Nähe der Quellen *Blandusia* und *Egeria* sei. Von den Gipfeln der Hügel, die in dem Umfange der Stadt begriffen sind, und an den Ausgängen mehrer Straßen, sieht man das Feld in der Ferne, wodurch Stadt und Umgegend sehr mahlerisch verbunden werden. Im Winter sind die Dächer mit Pflanzen bedeckt, ungefähr wie bei uns die alten Strohdächer ländlicher Hütten. Alle diese Umstände geben Rom ein gewisses ländliches Ansehen, welches uns erinnert, daß seine ersten Dictatoren den Pflug führten, daß es die Weltherrschaft Ackerleuten verdankte und daß sein größter Dichter* es nicht verschmähte, die Kinder des Romulus in Hesiod's Kunst zu unterrichten.

> Und romanische Städt' durchtönt mein askräisches
> Feldlied.**

Die Tiber, welche diese große Stadt bespült, und ihren Ruhm theilt, hat ein seltsames Schicksal. Sie fließt durch einen Winkel Roms, als ob sie nicht mehr da wäre; man würdigt sie kaum eines Blickes, spricht nicht von ihr, ihr Wasser wird nicht getrunken und von den Weibern nicht zum Waschen gebraucht; verstohlen schleicht sie hinter elenden Häusern hin, die sie verbergen, und fließt dem Meere zu, als wäre sie beschämt, den Namen *Tevere* zu führen.

Ich muß Ihnen nun, mein theurer Freund, ein Wort von jenen Ueberresten alter Bauwerke sagen, wovon Sie so viel zu hören gewünscht haben. Ich habe alle sorgfältig betrachtet, in Rom, wie in Neapel, die Tempel zu *Pästum* ausgenommen, welche zu besuchen meine Zeit mir nicht erlaubte. Ich

---

* *Virgil.*
** Ascraeumque cano romana per oppida carmen.

brauche Ihnen nicht zu sagen, daß der Eindruck, den dieselben machen, sich nach den Erinnerungen richtet, die man daran knüpft.

Neulich, an einem schönen Julius-Abend, setzte ich mich im *Coliseo** auf die Stufe von einem der Paßion-Altäre. Die untergehende Sonne goß flüßiges Gold über alle diese Gänge, wo einst der Strom der Völker wogte; starke Schatten brachen zu gleicher Zeit aus den Vertiefungen der Sitze und Hallen hervor, oder fielen von den hohen Mauern, als breite schwarze Bänder auf den Boden. Ich sah zwischen den Trümmern auf der rechten Seite des Gebäudes den Garten des Palastes der Cäsarn mit einem Palmbaume, der absichtlich für Mahler und Dichter auf diese Trümmer gepflanzt zu sein scheint. – Statt des Freudegeschreis, das einst rohe Zuschauer in diesem Kampfplatze ausstießen, wenn Christen von Löwen und Panthern zerrissen wurden, hörte man nur das Gebell der Hunde des Einsiedlers, der diese Trümmer hütet. Aber in dem Augenblicke, wo die Sonne unterging, tönte die Glocke von dem Dome der Peterskirche durch die Hallen des *Coliseo*. Diese, durch andächtige Töne geknüpfte, Verbindung zwischen den beiden größten Denkmalen des heidnischen und des christlichen Roms, bewegte mich lebhaft; ich bedachte, daß dieses neuzeitige Gebäude auch einst fallen werde, wie das altzeitige gefallen, und daß die Denkmale auf einander folgen, wie die Menschen, von welchen sie erbaut worden; ich erinnerte mich, daß die Juden, welche in ihren ersten Gefangenschaften an den Bauwerken Aegyptens und Babylons arbeiten mußten, nach ihrer letzten Zerstreuung auch diesen ungeheuren Umfang** gebaut hatten, und daß jenes Denkmal, unter dessen

---

* Eine Abbildung und ausführliche Beschreibung findet sich in *Weinlig's* angeführten Briefen über Rom. *D. Ueb.*

** Das Coliseo ward von Vespasian nach dem jüdischen Kriege gebaut, und man sagt, es haben 10,000 gefangene Juden daran gearbeitet.

Gewölbe die christliche Glocke erschallte, das Werk eines heidnischen Kaisers war, den die Profeten als Jerusalems Zerstörer bezeichnet hatten. Nicht wahr, mein Freund, eine einzige Ruine gibt hier würdigen Stoff zur Betrachtung, und ich dächte, eine Stadt, wo solche Wirkungen bei jedem Schritte erscheinen, wäre wohl eines Besuches werth.

Gestern, am 9. des Januars, ging ich wieder ins *Coliseo*, um in einer andern Jahrzeit und aus einer andern Ansicht es zu betrachten. Ich wunderte mich, bei meiner Ankunft das Gebell der Hunde nicht zu hören, welche sich sonst gewöhnlich in den oberen Gängen des Amphitheaters, zwischen Trümmern und vertrockneten Pflanzen zeigten. Ich pochte an die Thüre der Einsiedelei, welche in dem Mittelpunkte eines Sitzes angebracht ist. Keine Antwort. Der Einsiedler war gestorben. Die rauhe Jahrzeit, die Abwesenheit des guten Klausners, neue schmerzliche Erinnerungen, alles dieß machte mir den Aufenthalt in diesem Umkreise noch trauriger, so daß ich die Trümmer eines Gebäudes zu sehen wähnte, welches ich erst vor wenigen Tagen in seiner Unversehrtheit und seiner ganzen Pracht bewundert hatte. So werden wir jeden Augenblick an unsre Nichtigkeit gemahnt! Der Mensch sucht außer sich Gründe, um sich davon zu überzeugen, er überläßt sich, auf den Trümmern alter Denkmahle, seinen Betrachtungen, und vergißt, daß er selber eine noch vergänglichere Ruine ist, und eher, als jene Trümmer, gefallen sein wird. Und vollends wird unser Leben dadurch zu dem *Traume eines Schattens,** daß wir nicht einmal hoffen dürfen, in dem Andenken unserer Freunde lange zu leben. Ist nicht ihr Herz, wo unser Bild eingegraben ist, so wie der Gegenstand, dessen Züge es

---

Den Namen Colosseum (woraus Coliseo entstanden) erhielt es von einem kolossalischen Bilde des Sonnegottes, das in der Nähe stand.   *D. Ueb.*

* *Pindar.*

aufbewahrt, ein vergänglicher Thon, der leicht sich auflöset? Man zeigt in *Portici* ein Stück Vesuv-Asche, das bei der Berührung in Staub zerfällt, und noch immer den, von Tage zu Tage mehr verlöschenden, Abdruck des Busens und der Arme einer jungen Frau, die unter den Trümmern von Pompeji begraben wurde, enthält. Gewiß, ein ziemlich richtiges, wenn auch nicht hinlänglich eitles, Bild von der Spur, welche unser Andenken in dem Herzen der Menschen zurückläßt, das nur *Asche und Staub* ist.*

Ehe ich nach Neapel abreisete, lebte ich einige Tage allein in *Tivoli*. Ich durchstrich die Trümmer in der umliegenden Gegend, besonders die Ueberreste von *Hadrians Villa*. Vom Regen überrascht, flüchtete ich mich in die *Thermen*, die an das *Pökile*** stoßen, unter einen Feigenbaum, welcher aufwachsend ein Mauerstück herabgestürzt hatte. In einem kleinen achteckigen Saale war eine junge Rebe durch das Gewölbe des Gebäudes gedrungen, und ihre glatten, rothen, gekrümmten Ranken stiegen, wie eine Schlange, an der Mauer auf. Rings um mich her, durch die Bogenöffnungen des zertrümmerten Gebäudes, sah ich Landschaftgemälde der Umgegend. Fliederbüsche füllten die öden Säle, wo einsame Amseln Zuflucht gesucht hatten. Die Bruchstücke des Mauerwerks waren mit den Blättern der *Hirschzunge**** überzogen, deren glänzendes Grün wie Mosaik auf dem weißen Marmor sich abzeichnete. Hohe Cypressen ersetzten hier und da die umgestürzten Säulen in diesem Palaste des Todes; der wilde *Bärenklau*⁺ kroch zu ihren Füßen über die Trümmer, als ob die Natur auf diesen verstümmelten Meisterstücken der Baukunst die Zierde ihrer vergangenen Schönheit mit Liebe hätte

* *Hiob.*
** Ueberreste jener Villa.
*** Asplenium scolopendrium. L.   *D. Ueb.*
⁺ Acanthus.

erneuern wollen.* Die Säle und die Zinnen der Ruinen glichen Blumenkörbchen und Pflanzensträußern, der Wind bewegte ihre feuchten Laubgehänge und die Pflanzen beugten sich unter den fallenden Regentropfen.

Während ich dieses Gemälde betrachtete, drängten sich tausend verworrene Gedanken in meiner Seele; bald bewunderte, bald verabscheute ich die römische Größe, bald dachte ich an die Tugenden, bald an die Laster jenes Weltgebieters, der in seinem Garten ein Bild seines Reiches hatte vereinen wollen. Ich erinnerte mich der Ereignisse, welche diesen prächtigen Landsitz zerstört hatten; ich sah, wie Hadrians Nachfolger seiner schönsten Zierden ihn beraubten, wie die Barbaren, einem Wirbelwinde gleich, darüber hinfuhren, zuweilen sich hier lagerten, und, um sich in diesen halb zerstörten Denkmahlen zu vertheidigen, die griechische und toskanische Säulenordnung mit gothischen Zinnen krönten, und wie endlich christliche Mönche, um diese Einöde wieder anzubauen hier Reben pflanzten und den Pflug in den *Tempel der Stoiker* und in die *Säle der Akademie*** führten. Darauf kam das Zeitalter der wieder auflebenden Kunst, und neue Gebieter warfen vollends die Trümmer dieser Paläste zusammen, um einige Kunstdenkmahle zu finden. Mit diesen wechselnden Gedanken vereinte sich eine innere Stimme, welche mir alles wiederhohlte, was man hundertmahl über die Nichtigkeit menschlicher Dinge gesagt hat. Eine doppelte Eitelkeit war in den Denkmahlen der Villa Hadrians; sie bestanden, wie bekannt, bloß aus Nachbildungen anderer Denkmahle, die in verschiedenen Theilen des römischen Reiches zerstreut waren. Der wahre Tempel des *Serapis* zu Alexandrien, die wahre

---

* Bekanntlich heißen die Blätter am Säulenkopfe der korinthischen Ordnung, *Akanthus-Blätter.* D. Ueb.

** Ueberrest der Villa.

Akademie zu Athen, sie sind zerstört, und man sieht also in Hadrians Nachbildungen nur die Trümmer von Trümmern.

Ich sollte Ihnen nun, mein theurer Freund, den Tempel der *Sybille* zu Tivoli und den reizenden *Vesta*-Tempel, der über dem Wasserfalle hängt, beschreiben; aber es fehlt mir an Zeit. Es thut mir leid, daß ich Ihnen jenen, von *Horaz* gepriesenen, Wasserfall nicht schildern kann. Da wäre ich auf einem Gebiete, wo Sie zu Hause sind. Sie, der Erbe der »*zierlichen Einfalt*«* des Sängers der Dichtkunst; aber ich sah diese Gegend in einer traurigen Jahrzeit und war selbst nicht froh gestimmt. Ja, daß ich Ihnen noch mehr sage, dieses Wassergeräusch war mir lästig, das mich in den amerikanischen Wäldern so oft entzückt hat. Ich erinnere mich noch, mit welcher Wonne ich des Nachts, wenn mein Feuer halb verloschen war, mein Führer schlief, und meine Pferde in einiger Entfernung weideten, die Melodie der Wasser und der Winde in den dichten Wäldern hörte. Bei jenem Gemurmel, das bald stärker, bald schwächer sich erhob, wachsend und abnehmend in jedem Augenblicke, erbebte ich, und jeder Baum war mir gleichsam eine Leier, aus welcher der Wind unnachahmliche Ackorde lockte.

Ich fühle, daß ich jetzt weniger empfänglich für diese Naturreize bin, und ich zweifle, ob der *Niagara*-Fall mich noch eben so sehr, als ehedem, zur Bewunderung hinreißen würde. Wenn man sehr jung ist, *spricht* die stumme Natur sehr viel, weil das Herz des Menschen übervoll ist; seine ganze Zukunft liegt dann vor ihm, er hofft, was er fühlt, in der Welt wieder zu finden, und er weidet sich an tausend Wahngebilden. In einem reifern Alter aber, wenn die Aussicht, die vor uns lag, hinter uns getreten ist, wenn zahllose Täuschungen zerstört sind, dann wird die Natur kälter, weniger ausdrucksvoll, und – wie unser *La Fontaine* sagt – die Gärten reden nicht

---

* Simplex munditiis –   *Horaz.*

viel. Soll die Natur dann noch Reiz für uns haben, so müssen sich Erinnerungen aus dem geselligen Leben an sie knüpfen, weil wir weniger uns selber genügen; die gänzliche Einsamkeit wird uns lästig, und wir fühlen das Bedürfniß jener Unterhaltungen, welche, wie *Horaz* sagt, Abends unter Freunden mit leiser Stimme gepflogen werden.

Ehe ich Tivoli verließ, besuchte ich das Haus jenes Dichters, das der Villa des *Mäcenas* gegenüber liegt. Da opferte er Blumen und Wein dem Genius, der uns an des Lebens Flüchtigkeit erinnert. Das einsame Haus konnte eben nicht groß sein, da es auf dem Rücken des Hügels liegt; aber man sieht, es war ein wohl beschützter Aufenthalt, klein, aber bequem. Aus dem Baumgarten über dem Hause überblickte man ein weit gedehntes Gelände; es war ein Zufluchtort, ganz geschaffen für einen Dichter, der genügsam ist und alles genießt, was auch nicht sein eigen ist. Doch war es wohl sehr leicht, ein Philosoph zu sein, wie Horaz; er hatte ein Haus zu Rom, zwei Landsitze, einen zu Utica, einen zu Tivoli, er trank mit seinen Freunden einen Wein, der aus der Zeit stammte, wo Tullus Consul war; sein Schenktisch war mit Silbergeräth besetzt, und er sprach vertraulich zu dem ersten Rathgeber des Weltgebieters:

> Dennoch bleibt mir die nothleidende Armuth fern,
> Auch nicht weigertest du mehreres meinem Wunsch.

In solcher Lage kann man wohl *Lalagen* besingen, mit schnell verblühenden Lilien sich bekränzen, bei einem Becher voll Falerner vom Tode reden und die Sorgen in den Wind schlagen.

Lassen Sie mich die Bemerkung machen, daß Horaz, Virgil, Tibull, Livius, alle vor Augustus starben. Er war darin Ludwig XIV. gleich, der sein Zeitalter ein wenig überlebte und sich zuletzt ins Grab legte, als hätte er sich versichern wollen, daß er nichts hinter sich zurücklasse.

Es wird Ihnen ohne Zweifel sehr gleichgültig sein, wenn ich Ihnen sage, daß Catull's Haus zu Tivoli gerade über der Wohnung des Horaz liegt und jetzt einigen Mönchen zum Aufenthalte dient; aber Sie werden es vielleicht merkwürdig finden, daß *Ariosto* seine lustigen Dichtungen an demselben Orte geschrieben hat, wo Horaz das Leben genoß. Man fragt sich mit Ueberraschung, wie es gekommen, daß der Sänger des Orlando, in der einsamen Wohnung des Kardinals von Este zu Tivoli, seine göttlichen Thorheiten Frankreich, dem halb gebildeten Frankreich, gewidmet hat, während er ernste Denkmahle und hohe Erinnerungen von dem ernsthaftesten und gebildetsten Volke der Erde vor Augen hatte. Die *Villa Este* ist übrigens der einzige Landsitz aus der neuern Zeit, der anziehend für mich war, mitten unter den Trümmern von den Landsitzen so vieler Kaiser und Consularen. Dieses erlauchte Geschlecht *Este* hat das, nicht gewöhnliche, Glück gehabt, von den beiden größten Dichtern ihrer Zeit, den beiden größten Geistern des neuern Italiens, besungen zu werden.

> Großmüth'ger Sproß von Herkules Geschlechte,
> Erhab'ne Zier und Glorie unsrer Zeit,
> Empfanget, Hippolyt, von eurem Knechte,
> Was er euch einzig weihen kann und weiht;
> Von ihm, der gern zum Theil erstatten möchte,
> Durch Wort und Schrift, was eure Huld ihm leiht.
> Nicht tadelhaft ist dieses arme Streben,
> Ich geb' euch ja, was ich vermag zu geben.*

---

*   Piacciavi generosa Ercolea prole
    Ornamento, e splendor del secol nostro,
    Ippolito, agradir questo, che vuole,
    E darvi sol può l'umil servo vostro.
    Quel, ch'io vi debbo, posso di parole
    Pagare in parte, e d'opera d'inchiostro.

ruft *Ariosto* dem Kardinal Hippolyt von Este zu. Es ist der Zuruf eines glücklichen Menschen, welcher dem mächtigen Hause, dessen Gunst er genießt und das er selber erfreut, seinen Dank bringt. *Tasso* aber läßt in seiner Anrufung die Stimme des Dankes eines großen Unglücklichen rührender hören:

> Großmüthiger Alfons, erhab'ner Retter,
> Des irren Fremdlings, der vom Blitz umglüht,
> Verfolgt von des Geschicks ergrimmtem Wetter,
> Gescheitert fast in deinen Hafen flieht:
> Mit heiterm Sinn empfange diese Blätter,
> Wie zum Gelübde weiht' ich Dir mein Lied.*

Einen edleren Gebrauch kann man von der Macht nicht machen, als wenn man verfolgte Talente beschützt. Ariosto und Hippolyt von Este haben in dem Thale von Tivoli ein Andenken zurück gelassen, das nicht minder reizend ist, als die Erinnerung an Horaz und Mäcenas. Aber was ist aus den Beschützern und den Schützlingen geworden? In dem Augenblicke, wo ich diese Worte schreibe, ist das Haus Este erloschen, seine Villa verfällt in Trümmer, wie der Landsitz des römischen Machthabers. Das ist die Geschichte aller Dinge, wie aller Menschen.

> Ach Erd' und Wohnung und das getreue Weib
> Verlassen mußt du.**

---

* Nè che poco io vi dia, da imputar sono,
  Chè quanto io posso dar, tutto vi dono.
  Tu magnanimo Alfonso, il qual ritogli
  Al furor di fortuna, i guidi in porto
  Me peregrino errante, e fra gli scogli,
  E fra l'onde agitato, e quasi assorto;
  Queste mie carte in lieta fronte accogli,
  Che quasi in voto a te sacrate io porto.

** Liquenda tellus, et domus et placens
   Uxor.   *Horat.*

Ich brachte fast einen ganzen Tag in dieser prächtigen Villa zu. Ich konnte die weite Aussicht, welche man oben von ihren Terrassen genießt, nicht genug bewundern. Unter mir sehe ich die Gärten mit ihren Platanen und Cypressen; nach den Gärten kommen die Ueberreste von dem Hause des Mäcenas, am Ufer des *Anio*,* auf der andern Seite des Flusses, auf dem Hügel, mir gegenüber, erhebt sich ein Wald von alten Oehlbäumen, wo man die Trümmer von dem Landsitze des *Varus**** sieht. Ein wenig weiter links in der Ebene, ragen die drei Berge *Monticelli*, *San Francesco* und *Sant Angelo*, empor und zwischen den Gipfeln dieser nachbarlichen Berge blickt der ferne blaue Gipfel des alten *Soracte***** hervor. Am Rande des Gesichtkreises und am äußersten Ende der *Campagna di Roma*, erblicke ich, wenn ich in einem Kreise durch Abend und Mittag mich umschaue, die Höhen des Monte-Fiascone, Rom, Civita Vecchia, Ostia, das Meer, Frascati, über welchem die Fichten von Tusculum sich erheben, und wenn ich nun wieder Tivoli in Morgen suche, schließt sich der Kreis dieser unermeßlichen Aussicht an dem Berge Ripoli, wo vor Zeiten die Wohnungen des Brutus und Atticus standen, und an dessen Fuße Hadrians Villa liegt.

Mitten durch dieses Landschaftgemählde eilt der *Teverone* der Tiber zu und das Auge verfolgt den Lauf desselben bis zu der Brücke, wo das thurmähnliche Trauerdenkmahl des Geschlechts *Plotia* sich erhebt. Die Heerstraße nach Rom zieht sich durch das Gefilde. Es war vor Zeiten der *tiburtinische* Weg, der von Grabmählern begränzt war, und wo jetzt die Heuhaufen, die längs desselben in Pyramiden sich erheben, die Gräber noch nachahmen.

* Jetzt *Teverone* genannt.
** Der von dem deutschen Herrmann besiegt ward.
*** Er liegt gegen 4 Meilen von Rom, in einer großen Ebene sich erhebend, 2119 Fuß über der Fläche des Meeres. *D. Ueb.*

Schwerlich möchte sich irgendwo in der Welt eine Aussicht finden, welche mehr, als diese, hohe Betrachtungen erwecken könnte. Ich rede nicht von Rom, dessen Kuppeln man erblickt, es sagt allein *alles*; ich rede bloß von den Oertern und den Denkmahlen, die jener große Umkreis begreift. Da ist das Haus, wo Mäcenas, der Erdengüter satt, zum Tode sich abzehrte; Varus schied von diesen Hügeln, um sein Blut in Teutschlands nassen Wäldern zu verspritzen; Cassius und Brutus verließen diesen einsamen Zufluchtort, um ihr Vaterland zu verwirren; unter jenen Fichten von Frascati schrieb Cicero seine tusculanischen Untersuchungen; Hadrian ließ am Fuße dieses Hügels einen neuen Peneus fließen und versetzte hierher Nahmen, Zauberreize und Erinnerungen aus dem Tempe-Thale; dort, nicht weit von der *Solfatara*, beschloß die Königinn von Palmyra ihr Leben in der Verborgenheit, und ihre Stadt verschwand, nach einer Dauer von wenigen Augenblicken, in der Wüste; hier fragte der König Latinus den Gott Faunus im *Albunischen* Walde* um Rath; hier hatte Herkules seinen Tempel und die tiburtinische Sybille gab hier ihre Orakel; dort sind die Berge der alten Sabiner, dort die Ebenen des alten Latiums, das Land des Saturnus und der Rhea, die Wiege des goldnen Weltalters, das alle Dichter besungen haben, die lachenden Hügel von Tibur, deren Reize nur der französische Genius wiedergeben konnte und die den Pinsel eines *Poussin* und *Claude Lorrain* erwarteten.

Ich verließ die *Villa Este* gegen drei Uhr Nachmittags, ging über die Lupus-Brücke über den Teverone, um durch das sabinische Thor nach Tivoli zurückzukehren. Als ich durch den Oehlwald ging, dessen ich vorhin erwähnt habe, erblickte ich

---

* Ueber dieses Orakel und den Ort, wohin es eigentlich zu setzen, seh man *Bonstetten* in der angef. Reise, S. 205 ff. In der Ebene zwischen Tivoli und Rom ist es *nicht* zu suchen.   D. Ueb.

eine weiße Kapelle, die der Madonna Quintilanea geweiht ist, und auf den Trümmern von dem Landhause des Varus steht. Es war Sonntag. Die Thüre der Kapelle stand offen. Ich ging herein. Ich sah drei ins Kreuz gestellte Altäre, und auf dem mittelsten erhob sich ein silbernes Kruzifix, vor welchem eine, von dem Gewölbe herabhangende, Lampe brannte. Niemand als ein Mann, der tief vom Unglücke gebeugt zu sein schien, kniete neben einer Bank, und betete so inbrünstig, daß er selbst bei dem Geräusche meiner Fußtritte die Augen nicht zu mir aufschlug. Ich fühlte, was ich so oft bei dem Eintritte in eine Kirche empfunden habe, eine gewisse Beschwichtigung des unruhigen Herzens, einen gewissen Ekel an dem Irdischen. Ich kniete in einiger Entfernung von dem Manne nieder, und begeistert von der Heiligkeit des Orts, konnte ich mich nicht enthalten, im Stillen also zu beten: »Gott des Wanderers, du wolltest, daß der Pilger dich anbete, in diesem demüthigen Zufluchtorte, der auf den Trümmern des Palastes eines Großen der Erde erbauet ist; Mutter der Schmerzen, die du dich anrufen läßest von den bedrängten Sterblichen in dem Erbtheile jenes unglücklichen Römers, der fern von seiner Heimath unter fremden Völkern den Tod gefunden – wir knieen hier, zwei Glaubige, vor dem einsamen Altare! Gewähret diesem Unbekannten, der sich so tief zu beugen scheint vor eurer Größe, alles was er von euch erfleht, und verleihet, daß dieses Mannes Gebet auch meine Schwächen heile, damit zwei Christen, die sich beide nicht kennen, die sich nur auf einen Augenblick im Leben begegnen, und sich, wenn sie nun bald sich trennen, auf Erden nie wiedersehen sollen, einst, wenn sie am Fuße eures Thrones sich wiederfinden, mit Erstaunen sehen mögen, daß sie sich gegenseitig durch die Wunder der Barmherzigkeit einen Theil ihres Glückes zu verdanken haben.«

Aber wie viele Blätter liegen schon auf meinem Schreibetische umher, mein theurer Freund! Ich erschrecke über diesen ungeheuern Haufen, und weiß nicht, ob ich's Ihnen schicken soll. Und doch fühle ich, daß ich Ihnen noch nichts gesagt, und tausend Dinge vergessen habe, wovon ich hätte reden sollen. Warum z.B. habe ich nichts von *Tusculum* gesagt, nichts von Cicero, welcher, nach Seneka, der einzige Geist unter dem römischen Volke war, der mit seinem Reiche verglichen werden konnte. Meine Reise nach Neapel, meine Wanderung zu dem Feuerschlunde des Vesuvs, meine Reise nach Pompeji, Capua, nach Caserta, nach der Solfatara, nach dem See Avernus, nach der Grotte der Sybille, alles dieß wäre wohl anziehend für Sie gewesen. Bajä, wo so viel Merkwürdiges sich zugetragen hat, könnte allein Stoff zu einem Buche geben. Mich däucht, ich sehe noch den Thurm zu *Bauli*, wo Agrippina's Haus stand, und wo sie zu den Mördern, die ihr Sohn ausgesandt, die erhabenen Worte sprach: *Triff den Leib!* (Ventrem feri!) Die Insel Nisida, wo Brutus, nach Cäsar's Ermordung, Zuflucht suchte, die Brücke des Caligula, die sogenannte piscina mirabilis,* alle diese ins Meer gebauten Päläste, wovon Horaz spricht, wären wohl eines Wortes werth. Virgil versetzte in diese Gegenden, oder fand darin, die schönen Dichtungen des sechsten Buches der Aeneis, und von hier aus schrieb er an Augustus jene bescheidenen Worte, welche, wie ich glaube, die einzigen prosaischen Zeilen sind, die wir von diesem großen Manne haben.**

---

* Ein unterirdisches Gewölbe, bei *Bauli*, das auf fünffach gereiheten Hallen ruhet, und für einen Wasserbehälter der Alten gehalten wird. Andre halten es für ein zu den Bädern der Alten gehörendes Gemach zum Abkühlen. *D. Ueb.*

** De Aenea quidem meo, si mehercule jam dignum auribus haberem tuis, libenter mitterem, sed tanta inehoata res est, ut paene vitio mentis tautum opus ingressus mihi videar, cum praesertim, ut scis, alia quoque studia ad id opus multoque potiora impertiar. Das Bruchstück steht bei *Macrobius*, Saturn. I, 24.

Meine Wallfahrt zu Scipio's Grabe, ist eine von denjenigen, die mein Herz am meisten befriedigt hat, obgleich ich den Zweck, um deßwillen ich sie unternommen hatte, nicht erreichte. Man hatte mir gesagt, das Denkmahl dieses berühmten Römers sei noch vorhanden, und man finde noch das Wort patria, den einzigen Ueberrest jener Inschrift, welche, wie man will, darauf gestanden haben soll. Ich ging nach *Patria*, das alte *Linternum*. Ich fand das Grab nicht, aber ich irrte über die Trümmer des Hauses, wo der treffliche Mann während seiner Verbannung wohnte. Ich glaubte den Ueberwinder Hannibals zu sehen, wie er am Ufer des Meeres, Karthago gegenüber, wandelte, und sich bei dem Genusse der Freundschaft und durch die Erinnerung an seine Tugenden über Roms Ungerechtigkeit tröstete.*

---

* Man hatte mich nicht nur versichert, das Grab sei noch vorhanden, sondern ich hatte auch den oben erwähnten Umstand in irgend einer Reisebeschreibung gelesen. Aus folgenden Gründen aber bezweifle ich die Wahrheit dieser Behauptungen. 1) Scipio hatte zwar gerechten Grund zu Beschwerden gegen Rom, aber er liebte doch wohl sein Vaterland zu sehr, als daß er jene Inschrift auf sein Grab hätte können setzen lassen. Dieß scheint mir gegen alles zu streiten, was man von dem Geiste der Alten kennt. 2) Die Inschrift enthält fast die Worte der Verwünschung, welche Livius dem Scipio in den Mund legt, als derselbe Rom verließ. Sollte nicht der Irrthum aus dieser Quelle entstanden sein? 3) Plutarch erzählt, man habe bei Gaeta eine Urne von Erz in einem marmornen Grabe gefunden, worin Scipio's Asche verwahrt gewesen sein müsse, aber die Worte der Inschrift, die er anführt, sind ganz verschieden von der bekannten.

Das alte Linternum bekam später den Nahmen *Patria*. Dieß kann Veranlassung gegeben haben zu der Sage von dem Worte *Patria*, das allein von der Inschrift soll übrig geblieben sein. Es wäre doch ein sonderbarer Zufall, wenn der Ort Patria genannt würde, und auch das Wort Patria sich auf dem Denkmahle fände. – Plutarch erwähnt der Meinung, daß Scipio's Grab in der Nähe von Rom sei, aber er verwechselt offenbar die Gräber *der Scipionen* mit dem Grabe Scipio's. Livius sagt, Scipio's Grab sei zu Linternum gewesen, es habe ein Stand-

Um auch von den Neu-Römern ein Wort zu sagen, mein theurer Freund, so däucht mir, Duclos sei mißlaunig gewesen, als er sie die *Italiener von Rom* nannte. Man findet bei ihnen, meines Bedünkens, die Grundzüge eines nicht gemeinen Volkes. Leicht entdeckt man bei diesem, zu strenge beurtheilten, Volke einen großen Sinn, Muth, Geduld, Geist, tiefe Spuren alterthümlicher Sitten, ein gewisses heroisches Wesen, und edle Gewohnheiten, die noch immer an königliche Würde erinnern. Ehe Sie diese Meinung, die Ihnen seltsam scheinen könnte, verdammen, müßten Sie erst meine Gründe hören, aber die Zeit erlaubt mir nicht, mich darauf einzulassen.

Wie viel hätte ich Ihnen noch über die italienische Literatur zu sagen! Wissen Sie, daß ich den Grafen *Alfieri* nur ein einziges Mahl in meinem Leben gesehen habe? Sie werden schwerlich errathen, unter welchen Umständen. Ich sah ihn, als man ihn in den Sarg legte. Man sagt mir, sein Gesicht sei wenig verändert gewesen. Seine Züge schienen mir edel und ernst, und ohne Zweifel hatte sie der Tod noch ernster gemacht. Da der Sarg zu kurz war, so mußte man das Haupt auf die Brust herab neigen, wodurch man der Leiche eine schreckliche Bewegung gab. Ich verdanke der Güte einer, ihm sehr theuren, Person und der Gefälligkeit eines seiner Freunde in Florenz, einige schätzbare Bemerkungen über die nachgelassenen Schriften, die Meinungen und das Leben dieses berühmten Mannes. Die meisten öffentlichen Blätter in Frankreich haben

---

bild darauf gestanden, das er selber gesehen, das aber von einem Sturmwinde sei herabgeworfen worden. Uebrigens weiß man aus Seneka, Cicero und Plinius, daß die Gruft der Scipionen vor einem der Thore Roms sich befand. Sie wurde unter Pius VI. wieder aufgefunden. Man brachte die darin gefundenen Inschriften in das Vaticanische Museum. Unter den Nahmen der Glieder des Geschlechts der Scipionen, die man in dem Denkmahle fand, fehlt der Nahme des Afrikaners.

uns darüber nur verstümmelte und unzuverlässige Nachrichten gegeben. Ich werde Ihnen meine Bemerkungen einmahl mittheilen und schicke Ihnen für jetzt die Grabschrift, welche der Graf Alfieri für seine edle Freundinn, und zugleich für sich selbst gemacht hatte. Sie lautet:

Hic ... Sita ... Est ...

Al ... E ... St ...

Alf ... Com ...

Genere Forma Moribus

Incomparabili Animi Candore

Praeclarissima

A Victorio Alferio

Juxta Quem Sarcophago Vno[*]

Tumulata Est

Annorum XXVI Spatio

Ultra Res Omnes Dilecta

Et Quasi Mortale Numen

Ab Ipso Constanter Habita

Et Observata

Vixit Annos ... Menses ... Dies ...

Hannoniae Montibus Nata

Obiit ... Die ... Mensis ...

Anno Domini M.D.CCC ...[**]

[*] Sic inscribendum, me, ut opinor et opto, praemoriente: sed, aliter jubente Deo, aliter inscribendum:

Qui Juxta Eam Sarcophago Vno

Conditus Erit Quamprimum.

[**] D.i. Hier ruht, Heloise E. St. Gräfinn Al. Durch erlauchtes Geschlecht, Schönheit, Tugend und unvergleichliche Reinheit des Gemüths ausgezeichnet. Victor Alfieri, neben welchem sie in einem Grabe schlummert,[+] hielt sie 26 Jahre lang über alles theuer; sie ward

Die Einfachheit dieser Inschrift und besonders die hinzuge-
fügte Anmerkung hatten für mich etwas ungemein Rührendes.

Für dießmahl will ich aufhören. Ich sende Ihnen diesen
Haufen von Ruinen. Mögen Sie damit machen, was Sie wollen. In der Beschreibung, die ich Ihnen von verschiedenen Gegenständen gegeben habe, ist, glaube ich, nichts Merkwürdiges vergessen worden, außer etwa, daß die Tiber noch immer
die *gelbe Tiber* des Virgil ist. Man behauptet, diese Leimfarbe
entstehe von dem Regen, der in den Gebirgen fällt, wo der
Fluß entspringt.* Oft wenn ich bei dem heitersten Wetter
seine gefärbten Wellen fließen sah, dachte ich mir ein Leben,
das unter Stürmen begonnen hat, und auch während es unter
einem reinen Himmel seinen Lauf fortsetzt, die Farbe des
Sturmes behält, wovon seine Quelle ist getrübt worden.

von ihm, wie eine irdische Gottheit geachtet und geehrt. Sie lebte ...
Jahre ... Monate ... Tage. Ward geboren in Mons und starb den ...
des ... im Jahre des Herrn 18...
  + So die Inschrift, wenn ich, nach Hoffnung und Wunsch, ihr vor-
angehe, doch wenn Gott es anders fügt, ist also zu setzen:
      Der neben ihr in einem Grabe bald ruhen wird.
  * »Wenn es geregnet hat, ist die Tiber so schlammig, daß sie kaum
würde fließen können, wenn nicht der Regen selbst, der das Wasser
dick macht, auch die Schnelligkeit seines Laufes vermehrte.« *Bonstetten.*

II.
REISE AUF DEN VESUV.*

Heute, am 5. des Januars, bin ich um 7 Uhr Morgens von Neapel abgereiset. Ich bin in Portici. Die Sonne hat die Morgennebel verscheucht, aber das Haupt des Vesuvs ist noch immer in Wolken gehüllt. Ich habe mit einem Cicerone mich vereinigt, der mich zu dem Schlunde des Feuerberges führen soll. Er gab mir zwei Maulthiere, eines für mich, eines für ihn, und so machten wir uns auf den Weg. Ich fange an, auf einem ziemlich breiten Pfade hinan zu steigen zwischen zwei Pflanzungen von Reben, die an Pappeln sich hinauf schlingen. Ich gehe gerade der aufgehenden Wintersonne entgegen. Ein wenig unter den dichten Dunstwolken, welche in die mittlere Luftschicht sich hinab ziehen, sehe ich die Gipfel einiger Bäume; es sind die Ulmen der Einsiedelei. Rechts und links zeigen sich armselige Winzerhütten mitten unter den üppigen Ranken der *Lacrima-Christi*-Reben. Ueberall ein verbrannter Boden, abgelesene Weinberge, mit sonnenschirmförmigen Tannen abwechselnd, einige Aloen in den Hecken, unzählige herab rollende Steine, aber kein einziger Vogel.

Ich erreiche die erste Bergfläche. Eine nackte Ebene dehnt sich vor mir aus. Ich erblicke die beiden Gipfel des Vesuvs, links die *Somma*, rechts die jetzige Mündung des Feuerberges. Beide Gipfel sind in blasse Wolken gehüllt. Ich gehe voran. Auf der einen Seite sehe ich die Höhe der *Somma* schwinden,

---

* Nachstehende Bemerkungen sind ursprünglich nicht für das Publikum bestimmt gewesen. Sie wurden beim Ersteigen des Berges mit Bleistift niedergeschrieben.

auf der andern unterscheide ich schon die Furchen in dem Kegel des Feuerberges, den ich ersteigen will. Die Lava von 1766 und 1769 bedeckt die Ebene, die ich durchwandre. Es ist eine gräßliche Rauchwüste, wo die Laven, wie Schlacken umher gestreut, auf dem schwarzen Boden, gleich weißlichem Schaume, oder vertrocknetem Moose, sich zeigen.

Dem Pfade zur Linken folgend, lasse ich den Kegel des Feuerberges rechts liegen, und komme an den Fuß eines Hügels, oder vielmehr einer Mauer, von der Lava gebildet, die Herculanum bedeckt hat. Ist es nicht merkwürdig, daß dieser ruhige Schauplatz christlicher Gastfreundschaft in einer kleinen Zelle am Fuße eines Feuerberges, mitten unter Ungewittern sich befindet?

Der Einsiedler brachte mir das Buch, worein die Fremden, welche den Vesuv besuchen, etwas zu schreiben pflegen. Ich habe nicht einen einzigen Gedanken darin gefunden, welcher des Aufbewahrens werth gewesen wäre. Die Franzosen haben, mit dem natürlichen Geschmacke, der ihnen eigen ist, sich begnügt, den Tag ihres Besuchs zu bemerken, oder etwas zum Lobe des gastfreundlichen Einsiedlers zu sagen. Sei dem, wie ihm wolle, der Feuerberg hat den Reisenden nichts Merkwürdiges eingegeben, und dieß bestätigt mir die längst gehegte Meinung, daß große Menschen, wie große Gegenstände, weniger als man glaubt, dazu passen, große Gedanken zu erwecken. Ihre Größe liegt gleichsam zu Tage, und alles was man, außer der Thatsache, hinzu fügt, dient bloß dazu, sie zu verkleinern. Das nascitur ridiculus mus gilt von allen Bergen.

Ich breche um halb drei Uhr aus der Einsiedelei auf. Ich steige wieder über den Lavahügel, den ich schon erklommen hatte. Links liegt das Thal, das mich von der *Somma* trennt, rechts die Ebene des Kegels. Ich gehe ansteigend über den Rücken des Hügels. In dieser furchtbaren Gegend finde ich kein lebendiges Geschöpf, als ein armes, mageres, gelbes, halb nacktes Mädchen, das unter der Last des Holzbündels erliegt, womit es vom Berge kommt.

Ich kann vor den Wolken nichts mehr sehen. Der Wind, welcher von unten hinauf wehet, jagt die Wolken von der schwarzen Bergfläche, die ich überschaue, und treibt sie über den Rücken der Lavastraße, über welche ich wandere; ich höre nichts, als die Fußtritte meines Maulthiers.

Ich verlasse den Hügel, wende mich rechts, und steige in die Ebene hinab, die an dem Kegel des Feuerberges endigt, und über welche ich tiefer unten schon, als ich zur Einsiedelei hinanstieg, gekommen bin. Selbst bei dem Anblicke dieser verkalkten Trümmer, kann sich die Einbildung kaum jene Gefilde von Flammen und geschmolzenen Metallen mahlen, welche in dem Augenblicke eines Feuerausbruches sich ergießen. Vielleicht schwebten sie *Dante* vor, als er in seiner *Hölle* die brennenden Sandwüsten schilderte, wo ewige Flammen langsam und still hinabziehen –

Come di neve in Alpe senza vento.

Jetzt öffnen sich hier und da die Wolken. Ich erblicke plötzlich von Zeit zu Zeit Portici, Caprea, Ischia, Posilipo, das Meer, mit den weißen Segeln der Fischerkähne besäet, und die Küsten des Meerbusens von Neapel, von Pomeranzenbäumen beschattet. Es ist das Paradies, von der Hölle aus gesehen.

Ich habe den Fuß des Kegels erreicht. Wir steigen von unsern Maulthieren; mein Führer gibt mir einen langen Stock, und wir fangen an, in dem ungeheuren Aschenhaufen hinan zu waden. Die Wolken drängen sich zusammen, der Nebel verdichtet sich, und schwärzer wird die Dunkelheit.

Ich bin auf dem Gipfel des Vesuvs. Ich sitze, schreibend, an der Mündung des Feuerberges, und bin im Begriffe, in seinen Schlund hinab zu steigen. Die Sonne blickt zuweilen durch den Nebelschleier, welcher den ganzen Berg einhüllt. Dieses

Nebenlicht, wodurch mir eine der schönsten Landschaften der Erde verborgen wird, erhöhet noch die Schrecknisse der Gegend. Der Vesuv, durch Nebelwolken von dem bezaubernden Gelände, das um seinen Fuß liegt, getrennt, scheint mitten in einer wilden Einöde sich zu erheben, und der Schrecken, welchen er einflößt, wird nicht gemildert durch den Anblick einer blühenden Stadt an seinem Fuße.

Ich schlug meinem Führer vor, in den Schlund hinab zu steigen.* Er machte Schwierigkeiten, um mehr Geld zu erhalten. Wir kamen über eine Summe überein, die er auf der Stelle haben wollte. Ich gab ihm das Geld. Er zog sich aus. Wir gingen einige Zeit am Rande des Abgrundes hin, um einen Pfad zu finden, der minder steil und bequemer hinab führte. Der Führer blieb endlich stehen und foderte mich auf, mich bereit zu machen. Wir stiegen hinab.

Wir sind in der Tiefe des Schlundes. Wie könnte ich dieses Chaos schildern! Man denke sich ein Becken von einer Meile im Umfange und dreihundert Fuß hoch, das sich in Gestalt eines Trichters erweitert. Die Ränder, oder innern Wände, sind gefurcht von den Feuerströmen, welche das Becken enthalten und ausgeworfen hat. Die vorspringenden Theile dieser Furchen gleichen den Backsteinpfeilerwerken, womit die

---

* Es ist nur mühsam, aber keineswegs gefährlich, in den Schlund des Vesuvs herab zu steigen. Selbst in dem Falle, daß man von einem Ausbruche überrascht würde, könnte man sich, wenn man nicht mit dem Auswurfe heraus geschleudert würde, immer noch, wie die Erfahrung bewiesen hat, über die Lava retten, denn da sie sehr langsam fließt, so erkaltet sie schnell, so daß man rasch darüber hingehen kann. Der Krater, in welchen ich hinabstieg, war eine von den drei kleinen Mündungen, die bei dem Ausbruche im Jahre 1797 in der Mitte des großen Kraters sich bildeten. Die Rauchwolken, nach der Seite von *Torre del Annunciata* hin, waren sehr stark; ich machte mehre vergebliche Versuche, bis zu einem Flammenschein zu kommen, den man auf der entgegen gesetzten Seite, nach Caserta hin, entdeckte.

Römer ihre mächtigen Mauerwerke stützten. Hier und da hangen große Felsenblöcke von den Wänden herab, und ihre, mit einem Aschenteige vermengten, Trümmer bedecken den Boden des Abgrunds.

Der Boden des Beckens ist auf verschiedene Weise zerrissen. Fast in der Mitte desselben sieht man drei große Oeffnungen, die erst in neuern Zeiten entstanden sind, und im Jahre 1798, während der Anwesenheit der Franzosen in Neapel, Flammen auswarfen.

Aus verschiedenen Theilen des Schlundes, besonders auf der Seite von *Torre del Greco*, steigen Rauchwolken empor. Auf der entgegen gesetzten Seite, nach *Caserta* hin, sah ich eine Flamme. Wenn man die Hand in die Asche steckt, findet man sie einige Zoll tief unter der Oberfläche glühend heiß.

Der Schlund hat die Farbe einer ausgeglühten Kohle. Aber, wie ich oft bemerkt habe, die Vorsehung kann, wenn sie will, selbst über die furchtbarsten Gegenstände Reize verbreiten. Die Lava ist an einigen Stellen blau, azur, gelb und rothgelb gefärbt. Die von der Gewalt des Feuers geschleuderten und gewundenen Granitblöcke haben sich an den Enden wie Palmen und Akanthusblätter umgebogen. Der vulkanische Stoff, der auf den Felsen, über welche er sich ergossen hat, erkaltet ist, bildet hier und da Rosen, Feuerräder, Bänder, zeigt die Gestalten von Pflanzen und Thieren und ahmet die mannigfaltigen Zeichnungen nach, die man in den Agaten findet. Ich sah auf einem bläulichen Felsen einen Schwan, von weißer Lava, der so vollkommen nachgebildet war, daß man hätte schwören mögen, es ruhe der schöne Vogel auf einer stillen Wasserfläche, den Kopf unter dem Flügel verbergend und den langen Hals über den Rücken ausdehnend, wie eine Seidenrolle.

Ich finde hier das tiefe Schweigen wieder, das ich einst, um die Mittagzeit, in den Wäldern Amerika's gefunden, wenn ich, meinen Athem zurück haltend, nur das Klopfen der Pulse in meinen Schläfen und des Herzens Pochen vernahm. Zuweilen nur fielen Windstöße herab von dem Gipfel des Kegels in den Schlund, rauschten in meinen Kleidern und pfiffen in meinem Stabe. Auch hörte ich einige Steine unter den Füßen meines Führers, der im Sande klimmte, herab rollen. Ein dunkler Wiederhall, wie der Klang von Metall oder Glas, verlängerte das Geräusch des Falles, bis endlich alles wieder schwieg. Und eben diesen Ort, wo jetzt Grabstille herrscht, erschütterte furchtbares Tosen, als der Berg das Feuer seiner Eingeweide ergoß und die Erde mit Finsterniß bedeckte.

Man kann hier eine recht philosophische Anmerkung machen, und, wenn man will, der Menschen Thun und Treiben bemitleiden. Denn was sind alle jene berühmten Umkehrungen der Reiche, gegen diese Naturereignisse, welche die Gestalt der Erde und der Meere verändern? Ein Glück mindestens wäre es, wenn die Menschen die wenigen Augenblicke, wo sie beisammen sind, nicht dazu anwendeten, sich einander zu quälen. Aber so oft der Vesuv seine Abgründe öffnete, um Städte zu begraben, hat seine Wuth die Menschen unter Blut und Thränen gefunden. Was sind die ersten Zeichen gesellschaftlicher Sitten, die ersten Spuren menschlicher Gegenwart, die man in unsern Tagen unter der erloschenen Asche des Feuerberges gefunden hat? Qualwerkzeuge und gefesselte Gerippe.*

Die Zeit wechselt und gleich wandelbar sind der Menschen Schicksale. *Das Leben*, sagt ein griechischer Gesang, *flieht wie das Rad eines Wagens.*

Plinius verlor das Leben, als er von fern den Feuerberg betrachten wollte, in dessen Schlunde ich ruhig sitze. Ich sehe den Abgrund um mich her dampfen. Ich denke daran, daß wenige Klafter unter meinen Füßen ein Feuerschlund ist, ich

---

* In Pompeji.

denke daran, daß der Feuerberg plötzlich sich öffnen und mich mit diesen zerschmetterten Marmorblöcken in die Luft schleudern könnte. Welche Vorsehung hat mich hierher geführt? Durch welchen Zufall haben die Stürme des amerikanischen Oceans mich auf die Gefilde von Lavinium geworfen? Ich fühle mich getrieben, einen Rückblick auf dieses unruhig bewegte Leben zu werfen, wo alles, wie der heilige Augustin sagt, mit Elend erfüllt ist und die Hoffnung leer an Glücke. Auf Armorika's* Felsen geboren, hörte ich in meiner Wiege zuerst das Geräusch des Meeres, und an wie vielen Gestaden habe ich seitdem eben diese Wogen, die ich hier wieder finde, sich brechen sehen! Wer hätte mir vor wenigen Jahren gesagt, daß ich die Wogen, die auf den Küsten Englands, oder auf den Sandgestaden von Kanada zu meinen Füßen rollten, an den Gräbern Scipio's und Virgils würde seufzen hören! Mein Nahme steht in der Hütte des Wilden in Florida geschrieben; nun steht er auch in dem Buche des Einsiedlers auf dem Vesuv. Wann werde ich, an der Thüre meiner Väter, Wanderstab und Reisemantel niederlegen?

O patria! O divûm domus Ilium!

Wie beneide ich das Loos derjenigen, welche nie ihre Heimath verlassen haben, und niemanden Abenteuer erzählen können!

* Bretagne.

38

III.

REISE AUF DEN MONTBLANC.

Ich habe viele Berge in Europa und Amerika gesehen, aber es ist mir immer vorgekommen, als ob man in den Beschreibungen dieser großen Naturdenkmahle über die Wahrheit hinausgehe. Meine letzte Erfahrung über diese Erscheinung hat mich in meiner Meinung nicht wankend gemacht. Ich habe das *Chamouni-Thal* besucht, das durch Saussüre's* Schriften so berühmt geworden ist; aber ich weiß nicht, ob der Dichter die speciosa deserti darin finden würde, wie der Mineralog. Sei dem, wie ihm wolle, ich werde die Betrachtungen, wozu ich auf meiner Reise Stoff gefunden, unbefangen mittheilen. Meine Meinung hat übrigens zu wenig Gewicht, als daß sie irgend Jemand beleidigen könnte.

Ich war bei sehr nebeligem Wetter von Genf abgereiset, aber sobald ich nach *Servoz* kam, klärte der Himmel sich auf. Man sieht hier den Kamm des *Montblanc* nicht, unterscheidet aber deutlich die schneebedeckte Spitze, welche man die *Kuppel* nennt. Alsdann kommt man durch den Paß *Montees* in das Chamouni-Thal. Der Weg geht unter dem Gletscher *Bossons* hin, dessen hohe Spitzen man durch die Tannen und Lerchenbäume sieht. *Bourrit* vergleicht diesen Gletscher, wegen der Weiße und der länglichen Gestalt seiner Eiskristallen, mit segelnden Schiffen; mitten in einem, von grünen Wäldern begränzten Meerbusen, könnte man hinzusetzen.

---

* Voyages dans les Alpes. Neuchatel 1786. 2 Bde. 4. Im zweiten Bande befindet sich eine Karte von dem Theile der Alpen in der Nähe des *Montblanc*. *D. Ueb.*

Ich blieb in dem Dorfe *Chamouni* und ging am nächsten Morgen auf den *Montanvert*. Es war der schönste Tag des Jahres. Als ich auf dem Gipfel war, der nur eine von den Spitzen des Montblanc ist, sah ich, was man sehr uneigentlich das *Eismeer* nennt.

Man denke sich ein Thal, dessen Grund gänzlich von einem Flusse bedeckt ist. Von den Bergwänden, die dieses Thal einschließen, hangen große Felsmassen über den Fluß, die Spitzen *Dru, Bochard, Charmoz*. In der Tiefe theilt sich das Thal, so wie der Fluß, in zwei Arme, von welchen einer sich an einem hohen Berge, die *Riesenschlucht* genannt, endigt, der andere aber zu einer Felsengruppe, die *Jorasses* genannt, ausläuft. An dem entgegengesetzten Ende des Thales befindet sich ein Abhang, der nach dem Chamouni-Thal gerichtet ist. Dieser, fast senkrechte, Abhang ist von demjenigen Theile des Eismeers bedeckt, den man den Waldgletscher (*glacier des bois*) nennt. Denkt man sich nun den Fluß, der das Thal und dessen Einbiegungen und Abhänge einnimmt, in einem harten Winter bis auf den Grund gefroren, und die Gipfel der nahen Berge mit Eis und Schnee bedeckt, überall wo die Granitlagen wagerecht genug laufen, um das gefrorene Wasser aufzuhalten, so hat man ein Bild des Eismeeres. Es ist, wie man sieht, kein Meer, sondern ein Fluß, es ist, wenn man will, der gefrorene Rhein; das Eismeer wäre der Lauf desselben und der Waldgletscher der Fall bei Lauffen.

Wenn man zu dem Eismeere herab kommt, so zeigt die Oberfläche desselben, die von der Höhe des *Montanvert* eben erscheint eine Menge von Spitzen und Krümmungen. Die Eisspitzen bilden die Gestalt und die Risse der, von allen Seiten überhangenden, Felseneinfassung nach; man sieht gleichsam die umliegenden Berge in erhobener Arbeit von weißem Marmor.

Jetzt von den Bergen im Allgemeinen. Man hat zwei Ansichten derselben, mit Wolken und ohne Wolken. Dieß sind die beiden Hauptcharaktere der Alpenlandschaften. Sieht man die Alpen mit Wolken, so ist die Ansicht lebendiger, aber die Landschaft in Dunkelheit gehüllt und oft so verworren, daß man kaum einige Züge unterscheiden kann. Die Wolken umkleiden die Felsen auf mannigfaltige Weise. Ich sah unterhalb Servoz einen kahlen zerrissenen Felsen, den eine Wolke schräg, wie eine Toga, umhüllte, so daß man ihn für das Riesenbild eines alten Römers hätte halten können. Auf einer andern Stelle, wo ein Theil des Berges angebaut war, hemmte ein Wolkenstreif den Blick auf die Höhe dieses urbar gemachten Abhanges, und über den Wolken erhoben sich schwarze Felsenäste, welche wie der Rachen einer Chimära, oder Sphinx, wie Anubisköpfe und andre ägyptische Ungeheuer und Götter, gestaltet waren.

Wenn der Wind die Wolken vertrieben hat, scheinen die Berge schnell hinter diesen beweglichen Schleier zu fliehen. Sie treten wechselnd zurück und hervor. Bald zeigt sich plötzlich ein Pflanzenstrauß durch eine Wolkenöffnung, wie eine Insel am Himmel aufgehangen, bald enthüllt sich ein Felsen langsam und tritt nach und nach, wie ein Gespenst, aus dem Dunste hervor. Der Reisende, in traurige Stimmung versetzt, hört nichts als das Sausen des Windes in den Fichten, das Geräusch der Ströme, die in die Gletscher fallen, von Zeit zu Zeit auch den Sturz einer Lauwine, und zuweilen das Pfeifen des erschrockenen Murmelthiers, das den Alpensperber in den Wolken gesehen.

Ist der Himmel wolkenlos und hat sich das Amphitheater der Berge dem Auge gänzlich entschleiert, so werden unsre Blicke durch die reinen Umrisse und die deutlichen Begränzungen der Berggipfel, welche man nicht so bei den Gegenständen in den Ebenen findet, angezogen. Die eckigen Gipfel unter dem klaren Himmelgewölbe, gleichen merkwürdigen Naturerzeugnissen, schönen Korallstämmen, oder Tropfstein-gebilden unter der reinsten Kristallkugel. Der Bergbewohner findet in diesen zierlichen Gestalten Bilder von Gegenständen, womit er vertraut ist, wodurch manche Nahmen der Felsen, als *Maulthiere* (mulets), *Gemsen* (charmoz oder chamois), und die von Gegenständen der Religion abgeleiteten Benen-nungen, als *Kreuzgipfel* (sommets des croix) *Altar-Felsen* (ro-cher du reposoir) *Pilger-Gletscher* (glacier des pèlerins) ent-standen sind, Nahmen, die gemüthliche Einfalt gegeben, und die beweisen, daß der Mensch zwar immer mit dem Gedan-ken an seine Bedürfnisse beschäftigt ist, aber auch überall gern die Erinnerung an seine Tröstungen wiederfinden will.

Von den Bäumen, die in den Gebirgen wachsen, will ich nur die Fichte, die Tanne und den Lerchenbaum nennen, die gleichsam die einzige Verzierung der Alpen sind.

Die Fichte erinnert durch ihre Gestalt an die schöne Bau-kunst, ihr Gezweige bildet die Pyramide nach, ihr Stamm die Säule. Oft aber findet man in ihr auch eine Nachahmung der Gestalt der Felsen, wo sie wurzelt; nicht selten habe ich sie in den einspringenden Winkeln und auf den vorspringenden Karnießen der Berge mit den Spitzen der Felsen verwechselt, die dünn und nackt, wie sie, waren. Auf der Hinterseite des Engpasses von *Balme*, (col de Balme) auf dem Abhange des Gletschers von *Trien*, findet man einen Wald von Fichten, Tannen und Lerchenbäumen, der alles übertrifft, was man Schönes in dieser Art sehen kann. Jeder Baum dieses Riesen-geschlechts ist mehre Jahrhunderte alt. Die Führer verfehlen nicht, den Reisenden einen *König* dieses Stammes von Alpen-bäumen zu zeigen, eine Tanne, die dem größten Schiffe als Mast dienen könnte. Dieser König allein ist unverletzt, wäh-rend sein Volk um ihn her verstümmelt ist; der eine hat sein Haupt, der andre einen Theil seiner Arme verloren; diesem hat der Blitz die Stirne zerrissen, jenem das Feuer der Hirten den Fuß geschwärzt. Ich bemerkte vorzüglich ein Zwillingpaar, das aus einem Stamme zu den Wolken empor wuchs. Sie waren gleich an Höhe, Gestalt und Alter, aber der eine war noch voll frischen Lebens, der andre vertrocknet. Sie erinnerten mich an *Virgils* rührende Zeilen:

O Larides und Thymber, des Daucus ähnliche
  Zeugung,
Unausmerkbar daheim und liebliche Täuschung
  der Aeltern,
Doch nun gab euch Pallas ein grausam zeichnen-
  des Merkmahl.*

Ich will noch erwähnen, daß die Fichte ein einsames, armes Gebirgland ankündigt. Sie ist die Gefährtinn des dürftigen Bewohners von Savoyen, dessen Schicksal sie theilt; wie er, wächst und stirbt sie ungekannt auf unersteiglichen Gipfeln, wo ihre Nachkommen gleichfalls ungekannt sich fortpflanzen. Auf den Lerchenbäumen sammelt die Biene den vesten, schmackhaften Honig, der mit dem Rahm und den Himbeeren des *Montanvert* so gut sich verbindet. Das leise Säuseln der Fichten ist von den Hirtendichtern gerühmt worden, aber wenn es ein Sausen wird, gleicht es dem Brausen des Meeres, und zuweilen glaubt man den Ocean mitten in den Alpen tosen zu hören. Der Duft der Fichte ist würzig und lieblich; für mich zumahl hat er einen besondern Reiz; ich habe ihn schon über zwanzig Meilen weit von den Küsten Virginiens auf der

---

* Daucia, Laride Thymberque, simillima proles,
 Indiscreta suis gratusque parentibus error,
 At nunc dura dedit vobis discrimina Pallas.
       Aen. X. 391 ff.

See empfunden, er erweckt daher in meiner Seele stets die Erinnerung an die neue Welt, die mir durch einen balsamischen Hauch angekündigt ward, an jenen schönen Himmel, an jene glänzenden Meere, wo der Morgenwind mir den Duft der Wälder vom Lande zuführte; und da in unsern Erinnerungen alles sich verkettet, so ruft er mir auch die Sehnsucht und die Hoffnungen zurück, welche mich erfüllten, wenn ich, auf den Bord des Schiffes mich stützend, an das verlorene Vaterland und an die Einöden, die ich besuchen wollte, gedachte.

Um endlich meine eigene Meinung über die Berge auszusprechen, gibt es, so wie keine schöne Landschaft ohne einen Berghorizont, so auch keinen angenehmen Wohnort, noch eine, Auge und Herz befriedigende, Landschaft, wo es an Luft und Raum mangelt. Dieß aber ist stets der Fall im Inneren der Gebirge. Diese schwerfälligen Massen sind nicht in wohlthätiger Uebereinstimmung mit den Kräften des Menschen und seinen schwachen Sinnwerkzeugen.

Man will den Gebirglandschaften Erhabenheit zuschreiben. Ohne Zweifel entsteht diese aus der Größe der Gegenstände. Wie steht es aber mit der Erhabenheit, wenn dargethan würde, daß diese Größe, die allerdings da ist, doch von dem Auge nicht empfunden wird?

Es ist mit den Denkmahlen der Natur gerade wie mit den Kunstdenkmahlen, um ihre Schönheit zu genießen, muß man sie aus dem wahren Standpunkte betrachten, sonst verschwinden Gestalt, Farbe, Verhältnisse. Da man aber im Innern der Gebirge unmittelbar vor dem Gegenstande sich befindet, und der Standpunkt des Beschauers zu nahe ist, so verlieren die Verhältnisse der Gegenstände nothwendig ihre Größe, und dieß ist so wahr, daß man sich über die Höhen und Entfernungen immer täuscht. Ich berufe mich auf die Reisenden. Schien ihnen der Montblanc sehr hoch aus der Tiefe des Chamouni-Thals? Ein unermeßlicher Alpensee erscheint oft wie ein kleiner Teich. Man glaubt nach wenigen Schritten die Höhe eines Abhanges zu erreichen, und braucht drei Stunden, sie zu ersteigen. Oft ist mehr als eine Tagreise nöthig, um aus einer Schlucht zu kommen, deren Ende wir nahe vor uns zu sehen glaubten. Jene Größe der Gebirge, wovon man so viel spricht, wird uns daher nur durch die Ermüdung fühlbar, welche sie uns verursacht. Die Landschaft selbst ist für das Auge nicht größer, als eine gewöhnliche.

Diese Berge, die ihre scheinbare Größe verlieren, wenn das Auge des Beschauers ihnen zu nahe ist, sind jedoch so riesenhaft, daß sie allem, was ihnen als Verzierung dienen könnte, die Wirkung rauben. Es wird daher, nach entgegen stehenden Gesetzen, in den Alpenschluchten alles verkleinert, das Ganze, wie das Einzelne. Hätte die Natur die Bäume auf den Bergen hundertmahl größer gemacht, als in den Ebenen, ergössen die Flüsse und Wasserfälle dort eine hundertmahl reichere Wassermasse, als hier, so würden diese großen Wälder, diese großen Gewässer, eine volle gewaltige Wirkung auf den ausgedehnten Erdmassen hervor bringen können; aber so ist es nicht, die Einfassung des Gemähldes wächst übermäßig, und die Flüsse, Wälder, Dörfer, Heerden, behalten ihre gewöhnlichen Verhältnisse. Nun ist keine Uebereinstimmung mehr zwischen dem Ganzen und den Theilen, zwischen dem Schauplatze und der Verzierung. Die immer senkrechte Fläche der Berge wird überdieß ein immer bereit stehender Maßstab, mit welchem das Auge unwillkührlich alle Gegenstände, die es findet, vergleicht, und diese Gegenstände erscheinen, einer nach dem andern, gegen jenes ungeheure Maß, in ihrer Kleinheit. Die stolzesten Fichten, zum Beispiel, sieht man kaum auf den Abhängen in den Thälern, wo sie wie Rußflocken angeklebt zu sein scheinen. Die Spur der Regenwasser wird in den dünnen schwarzen Wäldern durch kleine, gelbe, gleich laufende Streifen verborgen, und die breitesten Ströme, die höchsten Wasserfälle, gleichen magern Wasserfäden, oder bläulichen Dünsten.

Manche haben Diamanten, Topase, Smaragde, in den Gletschern gesehen, ich bin nicht so glücklich gewesen, und meine Fantasie hat diese Schätze nie entdecken können. Der Schnee in der untern Gegend des Wald-Gletschers, der mit Granitstaube vermischt ist, kam mir wie Asche vor. Das Eismeer könnte man an mehren Stellen mit Kalk- und Gipsbrüchen vergleichen; nur seine Risse zeigen einige Regenbogenfarben und wenn die Eisschichten auf den Felsen ruhen, gleichen sie dicken Glasscherben.

Jene weißen Bekleidungen der Alpen haben überdieß einen großen Nachtheil; sie schwärzen alles umher und selbst den Himmel, dessen Blau sie verdunkeln. Man glaube nicht, daß man für diese unangenehme Wirkung durch schöne, auf die Schneemassen fallenden, Nebenlichter entschädigt werde. Die Farbe, womit ferne Berge sich bemahlen, ist für den Beschauer, der an ihrem Fuße steht, verloren. Die Pracht, womit die untergehende Sonne die Gipfel der savoyischen Alpen bedeckt, genießt nur der Bewohner von Lausanne; der Reisende im Chamouni-Thal erwartet vergebens dieses glänzende Schauspiel. Er sieht, gleichsam aus einem tiefen Trichter, über seinem Haupte nur einen kleinen Bogen eines Himmels von hartem blauen Farbenton, ohne Abendroth und ohne Morgenröthe; ein trauriger Aufenthalt, wohin die Sonne kaum am Mittage über eine Eismauer hin einen Blick wirft.

Man erlaube mir, damit ich mich verständlicher mache, eine gemeine Wahrheit auszusprechen. Zu jedem Gemählde braucht man einen Grund auf der Leinwand. In der Natur ist der Himmel dieser Grund der Landschaften, fehlt er im Hintergrunde eines Gemähldes, so ist alles verworren und ohne Wirkung; ist man aber den Bergen zu nahe, so hindern sie den Anblick eines großen Theils des Himmelgewölbes; es ist nicht

Luft genug um ihre Gipfel, sie werfen Schatten auf einander, und die dunkeln Massen, die sich immer hier und da in Felsenvertiefungen lagern, geben der ganzen Landschaft einen finstern Ton. Um sich zu überzeugen, ob Gebirglandschaften wirklich einen so ausgezeichneten Vorzug haben, darf man nur die Mahler fragen. Man findet, daß sie die Berge immer in die Fernen schieben, und das Auge in der Landschaft über Wälder und Ebenen führen.

Nur unter einer einzigen Beleuchtung erscheinen Gebirggegenden in ihrer natürlichen Pracht; wenn nämlich der Mond sie bescheint. Es ist das Eigene dieses einfarbigen Halblichts ohne Wiederschein, daß es die Gegenstände vergrößert, indem es die Massen vereinzelt und die Farbenübergänge verwischt, welche die Theile eines Gemähldes verbinden. Je freier, stärker und kühner die Umrisse einer Naturgestalt, oder eines Kunstgebildes, sind, desto mehr hebt ein weißes Licht die Begränzungen der Schattenmassen hervor; daher erscheinen die großen Denkmahle der römischen Baukunst, wie die Umrisse der Berge, so schön in der Mondbeleuchtung.

Die Großheit, und folglich die Art von Erhabenheit, die aus jener entsteht, verschwindet daher im Innern der Gebirge. Wir wollen sehen, ob sich das Anmuthige in höherem Grade finde.

Man spricht mit Entzücken von den Schweizerthälern. Aber es ist wohl zu bemerken, daß man sie nur vergleichweise so angenehm findet. Freilich, wenn das Auge müde ist, über nackte Bergflächen, oder über vorspringende Höhen zu irren, die nur mit röthlichen Flechten bedeckt sind, mag es gern auf etwas grünem Lande, oder einer Pflanzendecke, ausruhen. Aber worin besteht dieses Grün? Es sind einige kümmerlich wachsende Weiden, einige Streifen Gerste oder Hafer, die langsam wachsen und spät reifen, einige wilde Bäume, die saure und wilde Früchte tragen. Wenn ein Weinberg mühsam gedeiht auf einem gegen Mittag gelegenen Fleckchen, das man sorgfältig gegen den Nordwind beschützt, so sollen wir diese seltene Fruchtbarkeit bewundern. Besteigen wir die Felsen in der Nähe, so schwindet vor den großen Zügen der Berggestalten das kleine Bild der Thäler. Die Hütten sind kaum sichtbar, und die angebauten Felder sehen aus wie Zeugmuster auf der Karte des Tuchhändlers.

Man spricht viel von den Bergblumen, von den Veilchen, die man am Rande der Gletscher pflückt, von den Erdbeeren, die im Schnee sich röthen. Diese Wunder machen durchaus keine Wirkung, die Verzierung ist zu kleinlich in der Nähe jener Riesengestalten.

Ich bin sehr unglücklich, daß ich in den berühmten Sennhütten, die *Rousseau's* Fantasie so zauberisch verklärt hat, nichts habe finden können, als häßliche Hütten, angefüllt mit Mist und dem Geruch von Käse und saurer Milch. Die Menschen, die ich darin fand, waren armselige Bergbewohner, die sich selber für Verbannte hielten und sich nach dem Augenblicke sehnten, wo sie wieder in die Thäler hinabsteigen konnten.

Kleine stumme Vögel, die von Eisscholle zu Eisscholle fliegen, selten Schwärme von Raben und Sperbern, beleben kaum diese Einöden von Schnee und Steinen, wo der Fall des Regens fast die einzige Bewegung ist, die unser Auge entdeckt. Von Glück hat man zu sagen, wenn der Grünspecht, der Ungewitter verkündet, seine heisere Stimme in einem alten Tannenwalde erschallen läßt. Die Todstille, die uns umgibt, wird nur noch fühlbarer, wo wir dieses traurige Zeichen des Lebens vernehmen. Die Gemsen, die Steinböcke und die weißen Kaninchen sind fast gänzlich ausgerottet; die Murmelthiere selbst werden selten, und der kleine Savoyard ist in Gefahr, seinen Schatz zu verlieren. Den wilden Thieren auf den Alpengipfeln sind Rindviehheerden gefolgt, die sich nicht minder, als ihre Hirten, nach den Thälern sehnen. Wenn sie in den fetten Weiden des Waadtlandes lägen, so würden sie wenigstens einen eben so schönen Anblick darbieten und überdieß noch an die Schilderungen der alten Dichter erinnern.

Ich muß noch ein Wort von der Empfindung sagen, die man in den Bergen fühlt. Meines Bedünkens, eine sehr peinliche Empfindung. Ich kann nicht glücklich sein, wo ich überall des Menschen Mühe erblicke, und seine anstrengenden Arbeiten, welchen ein undankbarer Boden den Lohn versagt. Der Bergbewohner, der sein Unglück fühlt, ist wahrlich aufrichtiger, als die Reisenden; er nennt die Ebene das *gute Land*, und will nicht behaupten, daß die Felsen, welche er mit seinem Schweiße benetzt, ohne sie fruchtbarer zu machen, der schönste und beste Theil von den Geschenken der Vorsehung sind. Er verräth freilich Anhänglichkeit an seine gebirgige Heimath, aber dieß kommt daher, weil Gott eine wunderbare Beziehung zwischen unsern Leiden, den Gegenständen, welche sie hervorbringen, und den Oertern, wo wir sie erduldet haben, gestiftet hat; dieß kommt von den Erinnerungen an die Kindheit, von den ersten Regungen des Herzens, von dem Andenken an die Freuden, selbst an die Strenge des väterlichen Hauses. Einsamer, als andre Menschen, und ernster durch die Gewöhnung an Leiden, fühlt der Bergbewohner kräftiger alle Regungen des Lebens. Die Liebe, welche er gegen seine Heimath verräth, wird nicht von den Reizen seines Wohnplatzes erweckt, sondern sie hat ihren Grund darin, daß er alle seine Gedanken auf einen Punkt heftet und nur wenige Bedürfnisse hat.

Aber sind nicht die Berge die Heimath ernster Gedanken? Kaum; ich zweifle, ob man nachdenken könne, wenn das Lustwandeln ermüdet, wenn die Aufmerksamkeit, die wir auf unsere Schritte richten müssen, unsre ganze Seele beschäftigt. Der Freund der Einsamkeit, der beim Ersteigen des *Montanvert* seinen Schwärmereien nachhangen wollte, könnte sehr leicht in eine Grube fallen, wie der Sternseher, der über seinem Haupte lesen wollte, als er vor seinen Füßen nicht sehen konnte.

Ich weiß wohl, daß die Dichter Thäler und Wälder verlangt haben, um sich mit den Musen zu unterhalten. Aber Virgil sagt ja:

Dann sei'n Felder mein Wunsch und wässernde
Flüss' in den Thälern,
Bäch' erfreun und Gehölze mich ruhmlos.*

Auf den Feldern zuerst will er sich ergetzen, dann anmuthige, lachende Thäler suchen; Flüsse – aber nicht Bergströme – können ihn anziehen, und stille Gehölze. Diese Gehölze sind freundliche Wälder von Eichen, Ulmen und Buchen, nicht traurige Tannenwälder, denn sonst hätte der Dichter nicht gesagt:

– und bedeckt mich in dicht belaubter Beschattung.**

Und wo soll dieses Thal liegen? An einem Orte, wo schöne Erinnerungen erwachen, wo es liebliche Nahmen giebt, anziehende Ueberlieferungen, Musen, und das Andenken an große Ereignisse.

O in Spercheos
Ebenen, auf zu Taygetos Höh'n und Lacänischer
Jungfrau'n
Bacchischem Tanz, o wer leitet in kühlende Thale
des Hämus
Meinen Gang –***

---

* Rura mihi et rigui placeant in vallibus amnes
Flumina amem silvasque inglorius. *Georg. II, 485.*
** – et ingenti ramorum protegat umbra. *Georg. II, 489.*
*** – o ubi campi
Spercheosque, et virginibus bacchata Lacaenis
Taygeta! o qui me gelidis in vallibus Haemi
Sistat. *Georg. II, 487 ff.*

Er würde sich sehr wenig um das Chamouni-Thal, den Gletscher von *Taconay*, die kleine und große *Jorasse*, die Spitze von *Dru* und den *Schwarzkopf*-Felsen (rocher de la Tête-Noire) bekümmert haben.

Will man *Rousseau*, und denjenigen, die seine Irrthümer ohne seine Beredtsamkeit geerbt haben, Glauben beimessen, so fühlt man sich in einen andern Menschen verwandelt, wenn man auf einen Berggipfel kommt. »Auf hohen Bergen, sagt *Rousseau*, werden unsre Betrachtungen groß, erhaben, den Gegenständen verwandt, die uns ergreifen, und sind mit einer unnennbaren stillen Wollust verbunden, die nichts Herbes und nichts Sinnliches hat. Wenn man über der Menschen Wohnungen sich erhebt, scheinen alle gemeinen und irdischen Empfindungen unten zu bleiben. Ich weiß nicht, ob irgend eine heftige Bewegung bei einem längern Aufenthalte auf den Bergen dauernd sein könnte.«

Wollte Gott, es wäre so! Wie süß, wenn man sich, um von seinen Leiden frei zu werden, nur einige Klafter über die Ebene zu erheben brauchte! Aber leider hängt des Menschen Seele nicht ab von der Luft und von der Lage einer Gegend. Ach, ein Herz, das Leiden drücken, fühlt sich nicht leichter auf den Höhen, als in Thälern. Die Alten, die man immer fragen muß, wo es auf Wahrheit der Empfindung ankommt, dachten über die Berge nicht wie Rousseau; sie schilderten dieselben als den Wohnsitz der Trauer und des Schmerzes. Juliens Freund* vergißt seinen Kummer unter den Felsen des Walliserlandes, Eurydicens Gemahl nährt seine Schmerzen auf Thraciens Gebirgen, und wie geistreich auch der Genfer Philosoph sei, ich zweifle doch, ob St. Preux's Stimme so lange in der Nachwelt hörbar sein werde, als die Leier des Orfeus. Oedipos, dieses vollkommene Muster königlicher Trübsale,

---

* St. Preux in Rousseau's Heloise.   *D. Ueb.*

dieses vollendete Bild aller Menschenleiden, suchte auch die einsamen Höhen.

Ein anderes, noch schöneres und heiligeres Alterthum liefert uns dieselbigen Beispiele. Die Bibel, welche die menschliche Natur besser kennt, als die falschen Weisen unserer Zeit sie kennen, erzählt uns immer, daß große Unglückliche, die Profeten, und der Heiland selbst, in den Tagen der Trübsal auf hohe Berge sich zurück zogen. Jephta's Tochter bat vor ihrem Tode ihren Vater um Erlaubniß, ihre Jungfrauschaft auf Judäa's Bergen zu beweinen. Ich will auf die Berge steigen, sagt Jeremias, um zu weinen und zu klagen. Auf dem Oehlberge trank Jesus Christus den Kelch aller Schmerzen und aller Thränen der Menschen aus.

Es ist merkwürdig, daß man auf den verständigsten Blättern eines Schriftstellers, welcher die Vertheidigung der Sittlichkeit übernommen hatte, noch Spuren von dem Geiste seines Zeitalters findet. Jene angebliche Umwandlung unserer inneren Stimmung durch den Ort unsers Aufenthalts, hat ihre geheime Quelle in den Lehrsätzen des Materialismus, die Rousseau bestreiten wollte. Man machte aus der Seele eine Art von Pflanze, auf welche die Veränderungen der Luft einwirken, und welche, wie ein fühlloses Werkzeug, die Ruhe oder die Bewegung des Dunstkreises anzeigen sollte. Und wie hätte Rousseau selbst an jenen heilsamen Einfluß der Berge aufrichtig glauben können! Der Arme nahm ja auf die Berge der Schweiz seine Leidenschaften und sein Unglück mit!

Nur in einem einzigen Falle ist es wahr, daß man auf den Bergen Vergessenheit der irdischen Sorgen gewinnt, wenn man sich von der Welt entfernt, um der Andacht sich zu weihen. Ein Einsiedler, der sich dem Dienste der Menschheit weiht, ein Heiliger, der Gottes Größe still betrachten will, können Friede und Freude finden auf öden Felsen; aber es ist dann nicht die Ruhe des Wohnorts, welche in die Seele des

Einsamen übergeht, sondern seine Seele verbreitet die inwohnende Heiterkeit über die Heimath der Ungewitter. Ein geheimer Trieb führte immer die Menschen dahin, den Ewigen auf den Höhen anzubeten; dem Himmel näher, glaubten sie, das Gebet brauche weniger Zeit zu Gottes Throne zu gelangen. Die Patriarchen opferten auf den Bergen, und als ob sie von dem Altare das Bild der Gottheit geborgt hätten, nannten sie Gott den *Allerhöchsten*. Auch in das Christenthum ist eine Ueberlieferung jener alten Verehrung Gottes übergegangen, daher wurden unsere Berge, oder wo nicht Berge waren, unsere Hügel, mit Klöstern und Abteien bedeckt.* Aus der Mitte einer verdorbenen Stadt erblickte der Mensch, der vielleicht den Weg des Lasters, oder doch der Thorheit, wandelte, wenn er seine Augen erhob, Altäre auf den nachbarlichen Hügeln. Das Kreuz zeigte dem üppigen Geschlechte von fern das Panier der Armuth, und weckte in dem Reichen den Gedanken an Leiden und Erbarmung. Unsre Dichter kannten sehr wenig ihre Kunst, als sie über die Kalvarienberge, die Wohnungen der Bußprediger, die stillen Zufluchtörter der Andacht spotteten, die uns erinnern an die Landschaften des Morgenlandes, an die Sitten der Einsiedler in der thebaischen Wüste, an die Wunder eines göttlichen Glaubens, und an ein Alterthum, das durch das homerische nicht verdrängt worden ist.

Doch das hängt mit andern Ansichten zusammen, und ist der allgemeinen Frage fremd, die wir hier untersuchen wollten. Ich habe viel Böses von den Bergen gesagt, und billig muß ich nun mit ihrem Lobe schließen. Ich habe schon erwähnt, daß sie in einer schönen Landschaft nothwendig sind, und die Kette in dem Hintergrunde eines Gemähldes bilden müssen.

---

* Diese Lage hat, wie nicht für alle Leser bemerkt zu werden braucht, nicht in jener Ueberlieferung, sondern in andern historischen Umständen ihren Grund. *Der Ueb.*

Ihre schneeigen Häupter, ihre nackten Seiten, ihre Riesenglieder, so widrig sie dem zu nahen Beschauer erscheinen, sind wunderschön, wenn sie im Hintergrunde eines duftigen Himmels sich runden und mit flüssigem goldnen Lichte sich färben. Auch mag man noch erwähnen, daß die Berge die Quellen der Flüsse nähren, die letzte Zuflucht der Freiheit in den Zeiten der Knechtschaft und wohlthätige Schranken sind gegen die Verheerungen des Kriegs. Ich verlange nichts, als daß man mich nicht zwingen wolle, die langen Felsenspitzen, die Erdfälle, die Risse, Löcher und Windungen der Alpenthäler zu bewundern. Unter dieser Bedingung will ich gestehen, daß es Berge gibt, die ich noch mit dem größten Vergnügen besuchen würde, die Berge *Griechenlands* und *Judäa's*.* Gern möchte ich durch jene Gegenden wandern, mit welchen ich mich bei meinen neuen wissenschaftlichen Forschungen täglich beschäftigen muß, und gern würde ich auf dem Tabor und dem Taygetos andre Farben und andre Harmonieen suchen, nachdem ich die ruhmlosen Berge und die unbekannten Thäler der neuen Welt geschildert habe.

---

* Auch aus diesen Worten geht hervor, daß Ch. den Montblanc vor seiner Reise nach Griechenland und Palästina besuchte. *D. Ueb.*

ERINNERUNGEN
AUS
ENGLAND.

I.
Ueber England und die Engländer.

Würde der Mensch nicht durch einen erhabenen Naturtrieb an sein Vaterland gebunden, so wäre das Reisen
der natürlichste Zustand, worin er sich auf Erden befinden
könnte. Eine gewisse Unruhe treibt ihn immer aus sich selber
heraus; er will alles sehen, und beklagt sich, wenn er alles gesehn hat. Ich habe mehre Theile des Erdballs durchwandert,
aber ich gestehe, daß ich die Einöde mehr, als die Menschen
beobachtet habe, unter welchen man sich freilich oft in der
Einsamkeit findet.

Ich habe mich nicht lange unter den Teutschen, den Portugisen und den Spaniern aufgehalten, ziemlich lange aber unter
den Engländern gelebt. Da dieses Volk jetzt das einzige ist, das
den Franzosen die Herrschaft streitig macht,* so müssen auch
selbst unbedeutende Nachrichten über dasselbe anziehend sein.

Erasmus ist der älteste, mir bekannte, Reisende, der von
den Engländern gesprochen hat. Er sah unter Heinrich VIII.
nur Wilde und rauchige Hütten in London. Lange nachher
setzte Voltaire, als er gerade einen vollkommenen Philosophen brauchte, ihn unter die Quäker am Ufer der Themse. Die
Schenkhäuser in Großbritanien wurden der Aufenthalt der
starken Geister und der wahren Freiheit. Aber bekanntlich
gibt es kein Land in der Welt, wo man weniger von Religion
spricht, und sie mehr achtet, wo man weniger jene müßigen
Fragen bespricht, welche die Ruhe der Staaten stören.

---

* Diese Worte deuten an, zu welcher Zeit Ch. diese Bemerkungen
schrieb. *D. Ueb.*

In dem Ursprunge des Volkes muß man, meines Bedünkens, das Geheimniß der englischen Sitten suchen. Das Volk, halb von Franzosen, halb von Teutschen abstammend, bildet gleichsam einen Uebergang von dem einen Volke zu dem andern. Ihre staatlichen Verhältnisse, ihr Glaube, ihr Kriegwesen, ihre wissenschaftlichen Bestrebungen, ihre Künste, ihre Gemüthart, scheinen mir gleichfalls in dieser Mitte zu stehen. Sie verbinden, däucht mich, mit der Einfachheit, dem ruhigen Sinne, dem gesunden Verstande und dem schlechten Geschmacke der Teutschen, das Glänzende, die Größe, die Kühnheit und Lebhaftigkeit des französischen Geistes.

In mancher Hinsicht unter uns, sind sie in einigen andern Hinsichten uns überlegen, besonders in allem, was auf Handel und Reichthümer sich bezieht. Auch in der Reinlichkeit übertreffen sie uns, und es ist merkwürdig, daß bei diesem, dem Anscheine nach so schwerfälligen, Volke in seinen Geräthen, seinem Anzuge und seinen Kunstfleißerzeugnissen eine Zierlichkeit sich findet, die uns mangelt. Man möchte sagen, der Engländer lege in die Arbeit seiner Hände jene Feinheit, die wir in Geistarbeiten legen.

Der Hauptfehler des englischen Volks ist der Stolz, aber das ist der allgemeine Fehler der Menschen. Zu Paris herrscht er wie zu London, aber er wird durch die französische Gemüthart verändert und in Eigenliebe umgewandelt. Der reine Stolz zeigt sich nur bei dem einsamen Menschen, der nichts verhehlt und zu keinem Opfer sich gezwungen sieht; der Mensch aber, der viel mit seines Gleichen umgeht, muß seinen Stolz verstellen, oder ihn unter den mildern und mannigfaltigern Gestalten der Eigenliebe verbergen. Ueberhaupt erscheinen die Leidenschaften härter und ungestümer aufwallend bei dem Engländer, lebhafter und verfeinerter bei dem Franzosen. Der Stolz des Einen will alles auf einmahl vernichten, die Eigenliebe des andern untergräbt langsam alles. In England hasset man einen Menschen wegen eines Lasters, oder einer Beleidigung, in Frankreich bedarf's keines solchen Beweggrundes; sondern es sind oft Vorzüge der Gestalt, Vermögen, Begünstigungen des Glücks, ja selbst ein witziges Wort genug. Dieser Haß, der aus zahllosen unwürdigen Kleinlichkeiten hervor geht, ist nicht weniger unversöhnlich, als der Haß, welcher aus einer edleren Quelle geflossen ist. Die gefährlichsten Leidenschaften sind diejenigen, die einen niedrigen Ursprung haben, denn die Gemeinheit hängt ihnen an und sie werden dadurch wüthend. Sie suchen ihre Niedrigkeit unter Verbrechen zu verbergen, und sich durch ihre Wirkungen eine Art von Größe zu geben, welche sie ihrem Wesen nach nicht haben. Die Revolution hat dieß bewiesen.

Die Erziehung beginnt in England sehr früh. Die Mädchen werden von ihrer zartesten Jugend an in die Schule geschickt. Man sieht zuweilen ganze Haufen solcher kleinen Engländerinnen, die alle in langen weißen Mänteln gehen, mit einem Strohhute auf dem Kopfe, der unter dem Kinn mit einem Bande gebunden ist, mit einem Körbchen am Arme, worin sie Obst und ein Buch haben; sie werden über und über roth, wenn man sie ansieht. Wenn ich dagegen unsere jungen Französinnen betrachtete, die das Haar mit huile antique aufgeputzt haben, die Schleppe ihres Kleides aufnehmen, frech umher blicken, Liebeliederchen trällern, und Unterricht in der Schönrednerei nehmen, so habe ich mich wohl nach dem linkischen Wesen und der Verschämtheit der kleinen Engländerinnen gesehnt. Ein Kind ohne Unschuld ist eine Blume ohne Geruch.

Die Knaben bringen gleichfalls ihre ersten Jugendjahre in der Schule zu, wo sie Griechisch und Latein lernen. Wer in den geistlichen Stand, oder in öffentliche Aemter treten will, geht von da nach den Universitäten Cambridge und Oxford. Auf der ersten dieser beiden Lehranstalten wird zu *Newton's*

Andenken vorzüglich auch Mathematik getrieben. Im Allgemeinen aber halten die Engländer wenig auf diese Wissenschaft, welche, ihrer Meinung nach, wenn sie zu weit getrieben wird, den guten Sitten nachtheilig ist. Die Wissenschaften, meinen sie, trocknen das Herz aus, entzaubern das Leben, führen schwache Geister zum Atheismus und vom Atheismus zu allen Verbrechen. Die schönen Künste aber, sagen sie, erheitern unser Leben, erweichen unsre Seele, machen uns glaubig gegen die Gottheit und führen uns durch die Religion zur Ausübung aller Tugenden.

Landwirthschaft, Handel, Kriegdienst, geistliche Stellen und öffentliche Aemter, sind die Laufbahnen, die sich dem Jünglinge in England öffnen. Der gebildete Landbauer, der sogenannte Gentleman farmer, verkauft sein Getreide, jagt Füchse und Rebhühner im Herbste, ißt seine fette Gans zu Weihnachten, singt das roast beef of old England, klagt über die Gegenwart, preiset die Vergangenheit, die nicht besser war, und verwünscht dabei Pitt und den Krieg, der den Portwein vertheuert, legt sich betrunken nieder, um am folgenden Tage das selbige Leben wieder anzufangen.

Das Kriegwesen, welches unter der Königinn Anna so glänzend war, befand sich in Verfall, woraus es erst der gegenwärtige Krieg wieder erhoben hat. Erst spät haben die Engländer ihre Blicke auf die Seemacht gewandt. Sie wollten sich nur als Hauptmacht des vesten Landes auszeichnen. Das war ein Ueberrest veralteter Meinungen, nach welchen der Handel entehrte. Die Engländer haben stets, wie wir, eine geschichtliche Miene gehabt, wodurch sie sich in allen Zeitaltern auszeichneten. Sie und die Franzosen sind daher die einzigen Völker in Europa, welche den Nahmen Volk mit Recht verdienen.* Als

---

* Die Franzosen haben seit dem mehr als ein Volk kennen gelernt, das sich kräftig dieses Nahmens werth bewiesen. *D. Ueb.*

wir unsern Karl den Großen hatten, herrschte bei ihnen ihr Alfred. Ihre Bogenschützen machten dem gallischen Fußvolke den Ruhm streitig, ihr schwarzer Prinz wetteiferte darin mit Du Guesclin, ihr Marlborough mit Turenne. Ihre Revolutionen und die unsrigen gehen gleichen Schrittes, wir können uns des selbigen Ruhms erfreuen und die selbigen Verbrechen, die selbigen Leiden beweinen.

Seit England eine Seemacht geworden, hat es seinen Geist vorzüglich in dieser neuen Laufbahn entfaltet. Seine Seeleute zeichnen sich vor allen andern in der Welt aus, die Kriegzucht auf den Schiffen ist ganz sonderbar. Der englische Seemann ist durchaus Sklave. Mit Gewalt an Bord geführt, wider Willen zum Dienste gezwungen, scheint dieser Mensch, der als Landbauer so unabhängig ist, alle seine Ansprüche auf die Freiheit zu verlieren, sobald er Matrose geworden. Seine Obern legen ihm das härteste, demüthigendste Joch auf. Wie kommt's, daß Menschen, die so stolz sind, und solche Mißhandlungen erfahren, diesen Druck ertragen? Das ist das Wunder einer freien Staatverwaltung; der Nahme des Gesetzes ist allmächtig in diesem Lande und wenn es gesprochen hat, regt niemand Widerstand.

Ich glaube nicht, daß wir die englische Kriegzucht je auf unsre Schiffe verpflanzen können, oder auch nur dürfen. Der Franzose, geistvoll, freimüthig, großherzig, will seinem Obern sich nähern, er betrachtet ihn mehr als seinen Gefährten, denn als seinen Anführer. Die unbedingte Unterwürfigkeit des englischen Seemannes kann überdieß nur von dem Willen einer bürgerlichen Gewalt ausgehn; unsre Seeleute aber würden sie wahrscheinlich verachten, denn leider gehorcht der Franzose dem Menschen mehr, als dem Gesetze, und seine Tugenden sind mehr Tugenden des Menschen, als des Bürgers.

Unsre Seeoffiziere waren unterrichteter, als es die englischen sind. Diese wissen nichts als die Kunst der Schiffbewegung, jene waren Mathematiker und in allen Fächern der

Gelehrsamkeit bewandert. Wir haben überhaupt in unserer Seemacht unser eigenthümliches Wesen offenbart, wir zeigten uns hier als Krieger und als Künstler. Haben wir nur erst wieder Schiffe, so werden wir bald unser Erstgeburtrecht auf dem Meere, wie auf dem Lande, wieder ausüben. Wir können auch Beobachtungen am gestirnten Himmel und Reisen um die Welt machen, aber jemahl ein handelndes Volk zu werden, mögen wir uns nicht einfallen lassen. Wir thun alles durch geistigen Antrieb bestimmt, aber wir sind nicht beharrlich in unsern Entwürfen. Es erhebt sich vielleicht ein Mann unter uns, der in der Geldwirthschaft ausgezeichnete Fähigkeit zeigt, oder sich in kühne Handelunternehmungen einläßt, aber schwerlich wird sein Sohn der selbigen Laufbahn folgen, sondern vielmehr die Reichthümer des Vaters genießen wollen, als daran denken sie zu vermehren. Bei einem solchen Geiste wird ein Volk nicht kaufmännisch. Der Handel hat bei uns immer etwas Poetisches, Fabelartiges gehabt, so wie unsre Sitten überhaupt. Unsre Manufakturen wurden wie durch einen Zauberschlag geschaffen, sie erhoben sich mit großem Glanze und kamen dann in Verfall. So lange Rom klug war, begnügte es sich mit den Musen und mit Jupiter, und ließ der Nebenbuhlerinn Karthago den Neptun. Dieser Gott war überhaupt nur der zweite in der Herrschaft und Jupiter schleuderte seine Blitze auch auf dem Meere.

Die englischen Geistlichen sind unterrichtet, gastfrei und edelmüthig. Sie lieben ihr Vaterland und unterstützen mächtig das Ansehn der Gesetze. Sie haben, der Verschiedenheit des Glaubens ungeachtet, die französischen Geistlichen mit wahrhaft christlicher Barmherzigkeit aufgenommen. Die Universität zu Oxford ließ auf ihre Kosten ein neues Testament nach der römischen Uebersetzung mit der Aufschrift: *zum Gebrauche der, um des Glaubens willen vertriebenen katholischen Geistlichen*, drucken und unter die armen katholischen Pfarrer unentgeltlich vertheilen. Wie zart, wie rührend! Es ist wohl ein schönes Schauspiel für den Philosophen, wenn er sieht, wie am Ende des achtzehnten Jahrhunderts die Geistlichkeit der *englischen* Kirche papistische Priester gastfrei aufnimmt, die öffentliche Ausübung des katholischen Glaubens duldet und sogar die Stiftung einiger Gemeinden von diesem Glauben zuläßt. Wie seltsam die Meinungen und alle menschlichen Angelegenheiten wechseln! Der Ruf: Ein Papst! ein Papst! bewirkte unter Karl I. eine Umwälzung des Staats, und Jakob II. verlor seine Krone, weil er den katholischen Glauben begünstigt hatte.

Wie wenig kennen diejenigen, welche bei dem Worte Religion schon erschrecken, den menschlichen Geist! Sie erblicken diese Religion immer so, wie sie in dem Zeitalter des blinden Eifers und der Rohheit war, ohne zu bedenken, daß sie, wie jede andre Einrichtung unter den Menschen, die Eigenheit des Zeitalters annimmt.

Die englischen Geistlichen haben jedoch auch ihre Fehler. Sie versäumen zu sehr die Pflichten ihres Amts, lieben zu sehr das Vergnügen, geben zu viel Bälle und nehmen überhaupt zu sehr Theil an weltlichen Festlichkeiten. Nichts ist so anstößig für einen Fremden, als wenn er sieht, wie ein junger Pfarrer mit einer hübschen Frau schwerfällig durch die Doppelreihe der Tänzer zieht. Ein Priester sei ein ganz gottgeweihter Mann; Tugend und Geheimniß müssen um ihn her sein, er muß sich in die Einsamkeit der Tempel zurück ziehen und selten nur unter den Menschen erscheinen. Nur dann zeige er sich unter dem Volke, wenn er Unglücklichen Gutes thun will. Unter dieser Bedingung allein schenkt man dem Priester Ehrerbietung und Vertrauen, aber er wird bald beides verlieren, wenn er bei Festen an unsrer Seite sitzt, wenn man sich vertraut mit ihm macht, wenn er alle Laster seiner Zeit hat und wenn man einen Augenblick argwöhnen kann, er sei schwach und gebrechlich wie die übrigen Menschen.

Die Engländer feiern ihre kirchlichen Feste mit großer Pracht, und fangen sogar an, ihre Kirchen mit Gemählden zu schmücken. Sie haben nun am Ende doch eingesehen, daß eine Religion ohne Feierlichkeit nichts als der Traum eines kalten Schwärmers ist, und daß die Einbildung des Menschen genährt werden muß, wie seine Vernunft.

Die Auswanderung der französischen Geistlichen hat viel beigetragen, diese Ansichten zu verbreiten. Man bemerkt, daß eine sehr natürliche Sehnsucht nach den Einrichtungen der Vorältern die Engländer schon lange geneigt gemacht, die römische Religion auf der Bühne wie in ihren Büchern auf den Schauplatz zu bringen.

In den neusten Zeiten zeigte sich der katholische Glaube, den die verbannten französischen Priester nach London brachten, den Engländern gerade so wie in ihren Romanen, unter dem Zauber von Ruinen und von der Macht der Erinnerungen. Alles eilte herbei, als ein ausgewanderter Bischof einer französischen Prinzessinn zu London in einem Pferdestalle eine Leichenrede hielt.

Die englische Kirche erweiset dem Andenken der Todten fast eben die feierliche Ehre, die in der römischen Kirche üblich ist.

Die letzten Pflichten, welche man den Menschen erweiset, würden sehr traurig sein, wenn man die Zeichen religiöser Gesinnungen ihnen nehmen wollte. Die Religion hat ihren Ursprung in Gräbern genommen und die Gräber können nicht ohne Religion sein. Schön ist es, daß der Ruf der Hoffnung aus einem Sarge sich erhebt, schön ist es, daß der Priester Gottes den Staub des Menschen zur letzten Ruhestätte geleitet; es ist gleichsam die Unsterblichkeit, die dem Tode voran zieht.

Im politischen Leben gleicht der Engländer so ziemlich dem Franzosen; aber über die Parteien, worein das Parlament sich theilt, ist man gewöhnlich nicht hinlänglich unterrichtet.

Außer der Opposition und der Ministerpartei, gibt es noch eine dritte Partei, welche man die *englische* nennen könnte. Wilberforce steht an ihrer Spitze. Sie besteht aus ungefähr hundert Gliedern des Parliaments, welche auf die alten Sitten und besonders auf die Religion halten. Ihre Frauen sind wie Quäkerinnen gekleidet, sie selber wollen sich durch strenge Einfachheit auszeichnen und geben einen großen Theil ihrer Einkünfte den Armen. Pitt gehört zu ihnen. Sie haben ihn ins Ministerum gebracht und ihn darin erhalten, denn sie sind fast sicher, die Stimmenmehrheit zu entscheiden, wenn sie sich auf diese oder jene Seite schlagen. Bei der letzten ireländischen Angelegenheit wurden sie durch die Versprechungen beunruhigt, welche Pitt den Katholiken gemacht hatte, und sie drohten, zur Opposition überzugehn. Der Minister zog sich schlau zurück, um seine Freunde zu erhalten, deren Meinung er im Herzen theilt, und um sich aus der schwierigen Lage zu ziehen, worein die Umstände ihn verwickelt hatten. Geht die Bill zu Gunsten der Katholiken durch, so kann ihm die Partei der Strenggesinnten keine Vorwürfe machen; wird sie verworfen, so können die katholischen Irelander ihn nicht der Wortbrüchigkeit beschuldigen. Man hat bei uns gefragt, ob Pitt mit seiner Stelle auch seinen Einfluß verloren habe. Die Antwort auf diese Frage ist sehr einfach: Pitt ist noch *Mitglied des Unterhauses*. Aber wenn er Peer wird und ins Oberhaus tritt, dann erst kann man seine Laufbahn im öffentlichen Leben für geschlossen ansehn.

Der eigentlichen reinen Opposition schreibt man mit Unrecht einigen Einfluß zu. Sie ist gänzlich in der öffentlichen Meinung gesunken, sie hat weder große Talente, noch wahre Vaterlandliebe. Selbst Fox vermag nichts mehr für sie. Alter und übermäßiger Genuß der Tafelfreuden haben ihm fast die ganze Kraft seiner Beredsamkeit genommen. Man weiß, daß es mehr seine beleidigte Eigenliebe, als irgend eine andre

Ursache gewesen ist, was ihn so lange vom Parliament entfernt gehalten hat.

Auch die Bill, welche alle diejenigen, die geistliche Weihen empfangen haben, von dem Unterhause ausschließt, ist bei uns falsch gedeutet worden. Man wußte nicht, daß diese Bill keinen andern Zweck hatte, als *Horn Tooke* zu entfernen, einen geistreichen Mann und heftigen Feind der Regierung, der ehedem die Weihen erhalten hatte, späterhin aber seinen Stand verläugnete. In frühern Zeiten war er ein so eifriger Anhänger der Regierung, daß er in den Briefen von *Junius* angegriffen wurde, und ward nachher, wie so viele andre, ein Verkündiger der Freiheit.

Das Parliament hat in *Burke* eines seiner ausgezeichnetsten Glieder verloren. Er verabscheute die Revolution, aber man muß diesem Manne die Gerechtigkeit wiederfahren lassen, daß er die Franzosen im Einzelnen mehr geliebt und ihrer Tapferkeit und ihrem Geiste mehr Beifall bezeigt hat, als irgend ein Engländer. Obgleich er nicht sehr reich war, so hat er doch eine Schule für Kinder französischer Ausgewanderten gestiftet, wo er ganze Tage zubrachte, um den Witz und die Lebhaftigkeit der kleinen Zöglinge zu bewundern. Er pflegte folgendes Geschichtchen davon zu erzählen. Eines Tages führte er den Sohn eines Lords in diese Anstalt. Die armen Waisen luden den Knaben ein, mit ihnen zu spielen. Der Lord wollte es nicht. Ich kann die Franzosen nicht leiden, sprach er mißmuthig. Ein kleiner Knabe, der keine andre Antwort ihm abgewinnen konnte, hob endlich an: Das ist nicht möglich, Ihr Herz ist zu gut, als daß Sie uns hassen könnten. Halten Sie vielleicht Ihre Furcht für Ihren Haß?

Ich sollte jetzt von Gelehrsamkeit und Gelehrten ein Wort sagen; aber dieß würde mich zu weit führen, und muß einem andern Abschnitte aufbehalten bleiben. Ich will mich hier begnügen, einige Urtheile über gelehrte Gegenstände mitzutheilen, die mich sehr in Erstaunen gesetzt haben, da sie mit den gewöhnlichen Meinungen in geradem Widerstreite stehen. *Richardson* wird wenig gelesen; man wirft ihm unerträgliche Gedehntheit und Plattheit der Schreibart vor. *Hume* und *Gibbon* haben, sagt man, der Eigenheit der englischen Sprache Eintrag gethan, indem sie ihre Schriften mit einer Menge von französischen Wendungen anfüllten. Dem ersten wirft man auch Schwerfälligkeit und Unsittlichkeit vor. *Pope* gilt nur für einen gewandten und zierlichen Versmacher. Johnson sagte, *Pope's* Versuch über den Menschen sei nichts als eine Sammlung von Gemeinplätzen, in schönen Versen. *Dryden* und *Milton* läßt man ausschließend für Dichter gelten. Der *Zuschauer* ist fast vergessen. Man hört selten von *Locke* reden, den man für einen ziemlich schwachen Metaphysiker hält. Nur Gelehrte von Gewerbe lesen *Bacon's* Werke. *Shakespeare* allein behauptet seine Herrschaft. Man wird leicht fühlen warum, wenn ich folgenden Zug erzähle.

Ich war im *Coventgarden*-Theater, welches, wie bekannt, so heißt, weil es auf der Stelle eines ehemaligen Klostergartens steht. Ein sehr gut gekleideter Mann saß neben mir. In welchem Saale bin ich denn hier? fragte er mich. Ich sah ihn verwundert an. Nun, Sie sind ja in Coventgarden. Pretty garden, indeed! (Ein hübscher Garten, wahrhaftig!) erwiederte er mit lautem Gelächter und bot mir eine Flasche mit Rum. Es war ein Seemann aus der Altstadt, der zur gewöhnlichen Schauspielstunde zufällig vorüber ging, und als er das Gedränge am Eingange sah, für sein Geld auch mit herein gegangen war, ohne zu wissen, was es da gebe.

Wie könnten die Engländer ein erträgliches Schauspiel haben, wenn vor dem Vorhange Richter sitzen, die eben aus Bengal oder von der Guinea-Küste zurück kommen und nicht einmahl wissen, wo sie sind. Unter einem solchen Volke muß Shakespeare ewig herrschen. Man glaubt alles zu rechtfertigen,

wenn man sagt, die Ausschweifungen des englischen Trauer-
spieldichters seien aus der Natur aufgegriffen. Wäre das auch
wahr, so sind es nicht immer natürliche Dinge, die rühren. Es
ist natürlich, den Tod zu fürchten, und doch trocknet ein Opfer, welches sich beklagt, die Thränen wieder, die man um dasselbe vergossen hat. Das menschliche Herz begehrt mehr als
es kann, vor allen aber will es bewundern, es lebt in ihm
ein Trieb, zu einer gewissen unbekannten Schönheit sich auf-
zuschwingen, für welche es vielleicht ursprünglich geschaffen
ward.

Die Sache hat jedoch noch eine ernstere Seite. Ein Volk, das
immer in seinen Kunstschöpfungen eine gewisse Rohheit
zeigte, kann fortfahren, rohe Erzeugnisse zu bewundern, ohne
daß dieß etwas zu bedeuten hat; aber ich weiß nicht, bis zu
welchem Punkte ein Volk, das Meisterstücke in allen Gattungen besitzt, sich der Liebe zu Ungeheuern hingeben kann,
ohne seine Sitten in Gefahr zu bringen. Daher ist das Gefallen
an Shakespeare in Frankreich weit gefährlicher, als in England. Bei den Engländern liegt dieser Neigung nur Unwissenheit, bei uns Verderbtheit zum Grunde. In einem erleuchteten
Zeitalter hangen die guten Sitten eines gebildeten Volkes mehr
von dem guten Geschmacke ab, als man glaubt. Der schlechte
Geschmack, der sich durch so manche Mittel wieder auf den
rechten Weg bringen läßt, kann nur aus einer falschen Richtung oder natürlichen Schiefheit des Geistes entstehen, da jedoch der Geist stets auf das Herz wirkt, so ist es schwer, daß
die Wege des Herzens gerade seien, wenn der Geist auf krum-
men Wegen geht. Wer die Häßlichkeit liebt, ist ziemlich nahe
daran, das Laster zu lieben und wer gefühllos für die Schönheit ist, kann die Tugend leicht verkennen. Schlechter Geschmack und Laster gehen fast immer Hand in Hand; der
erste ist nur der Ausdruck des andern, so wie die Sprache Ausdruck des Gedankens.

Ich will mit einigen Bemerkungen über den Boden, den Himmel und die Denkmahle dieses Landes schließen.

Man findet fast gar keine Vögel auf den Gefilden dieser Insel. Die Flüsse sind klein, ihre Ufer werden jedoch angenehm durch ihre Einsamkeit. Das Land hat ein lebhaftes Grün. Man findet wenig oder gar keine Wälder, da aber jede Besitzung von einem mit Bäumen bepflanzten Graben umgeben ist, so glaubt man, wenn man von einer Anhöhe herabblickt, mitten in einem Walde zu sein. England hat auf den ersten Blick ziemlich viel Aehnlichkeit mit Bretagne; Heiden und Felder, mit Bäumen umpflanzt.

Der Himmel Englands ist nicht so hoch, als in Frankreich, sein Blau lebhafter, aber weniger durchscheinend. Wegen der vielen Wolken gibt es hier schönere Nebenlichter. Im Sommer, wenn die Sonne hinter dem Walde von Kensington untergeht, hat man in London zuweilen ein sehr mahlerisches Schauspiel. Die ungeheure Wolke von Steinkohlendampf, welche über der Stadt schwebt, erscheint wie die schwarzen, mit Purpurlicht erleuchteten Felsen, die man in unsern Dekorationen vom Tartarus sieht; während die alten Thürme von Westminster, mit Wolken gekrönt und vom Glanze der untergehenden Sonne geröthet, sich über der Stadt und dem Schlosse und Park von St. James erheben, wie ein großes Trauerdenkmahl, das über alle Denkmahle der Menschen zu herrschen scheint.

Die *Paulskirche* ist das schönste neuere Gebäude und Westminster das schönste gothische Gebäude in England. – Oft, wenn ich von meinen Wanderungen in der Umgegend von London zurück kehrte, ging ich hinter Whitehall her, wo Karl I. enthauptet wurde. Es ist ganz verödet, und Gras wächst zwischen den Steinen. Ich blieb zuweilen einige Augenblicke, und hörte den Wind seufzen um das Standbild Karls II, der mit dem Finger auf die Stelle zeigt, wo sein Vater starb. Ich sah hier niemand, als Arbeiter, welche pfeifend

Steine meisselten. Ich fragte sie eines Tages nach der Bedeutung jenes Bildes. Einige konnten mir nur nothdürftig Auskunft geben, die Andern wußten gar nichts davon. Nichts hat es mir so laut verkündigt, wie wenig die Ereignisse des Menschenlebens gelten, und wie nichtig wir selber sind. Was ist geworden aus jenen Menschen, die so viel Geräusch machten! Die Zeit machte einen Schritt und die Gestalt der Erde war verwandelt. Jenen Geschlechtern, die durch bürgerliche Zwietracht getrennt waren, folgten andre, die gleichgültig auf die Vergangenheit blicken und in der Gegenwart neue Feindschaften stiften, welche kommende Geschlechter gleichfalls vergessen werden.

II.

BEMERKUNGEN
ÜBER DIE ENGLISCHE LITERATUR.

Young verdankt vielleicht seinen Ruf großen Theils dem schönen Gemählde, womit er seine Nachtgedanken eröffnet. Ein Pfarrer, ein alter Vater, der seine einzige Tochter verloren hat, erwacht mitten in der Nacht, um über Gräbern zu klagen. Er gesellt den Tod zu Zeit und Ewigkeit, das Einzige, was Großes in dem Menschen ist, den Schmerz. Dieses Gemählde überrascht gleich anfangs und der Eindruck ist dauernd. Gehen wir aber weiter mit einer Einbildekraft, welche, durch jenen Eingang angeregt, schon eine Welt voll schwermüthiger Träumereien sich geschaffen hat, so finden wir nichts von allem, was man uns versprochen hat. Wir haben mit einem Menschen zu thun, der seinen Geist auf alle Weise quält, um zärtliche, traurige Gedanken zu erzeugen, und am Ende nichts als eine mürrische Philosophie sehen läßt. Von dem Schreckbilde der Welt selbst unter Gräbern verfolgt, zeigt *Young* in allen seinen Prunkreden über den Tod nichts, als einen getäuschten Ehrgeiz. Es ist nichts Natürliches in seiner Empfindsamkeit, nichts Idealisches in seinem Schmerze. Man hört immer eine schwerfällige Hand über die Leier fahren.

Young strebte besonders dahin, seinen Betrachtungen den Charakter der Schwermuth zu geben. Dieser Charakter entspringt aus einer dreifachen Quelle, aus Naturscenen, aus unbestimmten Erinnerungen, und aus religiösen Gedanken. *Young* wollte durch Naturscenen in seinen Klagen Wirkung hervorbringen, aber ich weiß nicht, ob es ihm gelungen ist. Er redet den Mond, und die Nacht und die Sterne an, aber man bleibt unbewegt dabei. Ich weiß nicht, worin die Schwermuth liegt, welche ein Dichter durch Naturgemählde erweckt, aber er findet sie überall auf seinem Wege. Seine Seele wird ergriffen von dem Rauschen der Winde, welche den Gedanken an Einsamkeit erwecken; eine fliehende Welle ist das Leben, ein fallendes Blatt, der Mensch. Diese Traurigkeit ist für den Dichter in jeder Wildniß verborgen. Es ist die Echo in der Fabel, die durch den Schmerz verdorrte, die unsichtbare Bewohnerinn der Gebirge.

Die Betrachtung einer, von Kummer erfüllten Seele, muß immer als Empfindung, oder als Bild erscheinen; bei *Young* aber verwandelt sich das Gefühl in Betrachtung und Erörterung. Ich lese in der ersten Klage:

»Aus einem, wie gewöhnlich, kurzen und bangen Schlafe erwache ich. Wohl dem, der nie mehr erwacht! Doch ein eitler Trost, wenn auch im Grabe Träume uns stören! Ich erwache, auftauchend aus einem wilden Meere von Träumen, wo mein trauriger verzweifelnder Gedanke, von den Wellen eingebildeter Noth hin und her getrieben ward, und das Steuerruder der Vernunft verloren hatte. ... Der Tag ist zu kurz für meinen Kummer, und die Nacht ist selbst in der Höhe ihrer finstern Herrschaft Sonnenschein gegen die Farbe meines Schicksals.«*

---

* From short (as usual) and disturb'd repose
  I wake: how happy they who wake no more!
  Yet that were vain if dreams infest the grave.
  I wake emerging from a sea of dreams
  Tumultuous; where my wreck desponding thought
  From wave to wave of fancy'd misery
  At random drove, her helm of reason lost ...
  The day too short for my distress, and night
  Ev'n in the zenith of her dark domain
  Is sunshine to the colour of my fate.

Ist das die Sprache des Schmerzes? Freilich kann die Uebersetzung weder die feinen Abstufungen des Ausdrucks, noch
den Wohllaut des Stils wiedergeben, aber eine wörtliche Uebersetzung wird nie lächerlich, wenn es die Urschrift nicht ist.

Ossian erhebt sich auch in der Mitte der Nacht; aber Ossian *weint*.

»Führe, Sohn Alpin's, führe den Greis in die Wälder. Die
Winde erheben sich. Die dunklen Wellen des See's ertönen.
Neigt sich dort nicht ein Baum mit nackten Zweigen von
Mora herab? Er beugt sich, Sohn Alpin's, am lispelnden
Windhauch. Meine Harfe hängt an einem dürren Zweige.
Traurig ist der Ton ihrer Saiten. Bewegt dich der Wind, o
Harfe, oder wandelt ein Geist vorüber? Es ist Malvina's
Hand. Gib mir die Harfe, Sohn Alpin's. Ein anderer Ge-
sang muß sich erheben! Meine Seele soll in dem Gesange
entschweben; meine Väter sollen ihn hören in ihren luftigen
Hallen. Aus ihren Wolken herab sollen sie mit Freude ihr
dunkles Anlitz herab neigen, und ihre Arme sollen ihren Sohn
umfangen.«*

Das sind traurige Bilder; das ist Schwärmerei.

Young hat daher jene Traurigkeit, die durch den Anblick
der Natur genährt wird, und, sanft und majestätisch, dem
natürlichen Gange der Empfindung folgt, nicht gekannt,
oder vielmehr schlecht ausgedrückt. Wie viel mehr Adel weiß

---

* Lead, son of Alpin, lead the aged to the woods. The winds begin to
rise. The dark wave of the lake resounds. Bends there not a tree from
Mora with its branches bare? It beats, son of Alpin, in the rustling
blast. My harp hangs on a blasted branch. The sound of its strings is
mournfull. Does the wind touch thee, o harp, or is it some passing
ghost? It is the hand of Malvina. But bring me the harp, son of Alpin;
another song shall arise. My soul shall depart in the sound; my fathers
shall hear it in their airy hall. Their dim faces shall hang, with joy,
from their cloud, and their hands receive their son. (*Berrathon.*)

Milton in den Ausdruck des Schmerzes zu legen! Wie schön sind die Verse, womit er das *verlorene Paradies* endigt!

> Vor ihnen lag die ganze Welt; es bot
> Sich überall ein Platz der Ruhe dar.
> Es leitete die Vorsicht ihre Bahn.
> Sie gingen Hand in Hand, unsichern Schritts
> Und langsam hin auf dem einsamen Pfad.*

Man sieht die ganze einsame Welt offen vor dem Vater der Menschen, und alle jene Meere, welche ungekannte Küsten bespülen, alle jene Wälder, welche sich auf dem unbewohnten Erdballe wiegen; und der Mensch stand allein mit seiner Sünde, mitten unter den Einöden der Schöpfung.

Ich finde in *Young* nichts, was sich mit folgender Stelle von Rousseau vergleichen ließe:

»Wenn der Abend kam, stieg ich von der Höhe der Insel herab, und setzte mich gern an den Rand des See's, auf das sandige Ufer, in irgend einen heimlichen Zufluchtort. Das Geräusch der Wellen, die Bewegung des Wassers fesselten meine Sinne; jede andere Bewegung schwand aus meiner Seele, die in eine süße Träumerei versank, worin mich die Nacht oft unbemerkt überraschte. Das Steigen und Fallen des Wassers, sein stetes, von Zeit zu Zeit stärker anschwellendes, Rauschen, trafen ohne Unterlaß mein Ohr und mein Auge, ersetzten die innern Bewegungen, welche die Träumerei aufhob, und waren dadurch hinlänglich, ein frohes Gefühl meines Daseins in mir zu unterhalten, ohne daß ich mir die Mühe des Denkens zu nehmen brauchte. Von Zeit zu Zeit erwachte in mir eine kurze

---

* The world was all before them, where to choose
  Their place of rest, and providence their guide:
  They, hand in hand, with wand'ring steps and slow,
  Through Eden took their solitary way.

flüchtige Betrachtung über die Vergänglichkeit der menschlichen Dinge, wovon die Oberfläche des Wassers mir ein Bild darbot; bald aber wurden diese leichten Eindrücke ausgelöscht durch die Einförmigkeit der fortdauernden Bewegung, die mich einwiegte, die aber doch, ohne thätige Mitwirkung meiner Seele, mich so sehr anzog, daß ich, durch die Stunde und das verabredete Zeichen gerufen, mich nicht ohne Anstrengung loszureißen vermochte.«

Diese Stelle Rousseau's erinnert mich daran, wie ich einst in Amerika, als ich die Nacht in einer Hütte zubrachte, ein ungewöhnliches seltsames Gemurmel hörte, das von einem nahen See kam. Ich hielt das Geräusch für den Vorboten eines Sturms, und ging aus der Hütte, um den Himmel zu betrachten. Nie sah ich eine schönere, reinere Nacht. Ruhig breitete der See sich aus, und glänzte von dem Wiederscheine des Mondes, der über den Spitzen der Berge und über den Wäldern der Wildniß leuchtete. Ein indianisches Kanot glitt schweigend durch die Wellen. Das Geräusch, welches ich gehört hatte, kam von der Flut des See's her, die sich zu erheben begann, und unter dem felsigen Ufer mit seufzerähnlichen Tönen sich brach. Ich war mit dem Gedanken an einen Sturm aus der Hütte getreten, desto tiefer war daher der Eindruck, den die Ruhe und Heiterkeit dieses Gemähldes auf mich machte.

Young hat, däucht mich, die Träumereien, welche solche Auftritte erwecken, schlecht benutzt, weil es seinem Gemüthe an Innigkeit fehlt. Aus demselbigen Grunde verfehlte er den Ausdruck der zweiten Art von Schwermuth, die aus traurigen Erinnerungen entspringt.

Nie thut der Sänger der Gräber einen rührenden Rückblick auf die erste Zeit des Lebens, wo alles Unschuld und Glück athmet. Er weiß nichts von den Erinnerungen an Verwandte und Heimath, er kennt nicht die Sehnsucht nach den Freuden und Spielen der Kindheit.

Erinnerungen an erduldete Leiden findet man sehr häufig bei diesem Dichter. Aber warum scheint auch ihnen, wie allem Uebrigen, Wahrheit zu mangeln? Warum kann der Leser nicht Antheil nehmen an den Thränen des Sängers der Nächte? – Erinnerungen sind gleichsam das Echo der Leidenschaften. Die Töne, welche sie wiederhohlen, erhalten durch die Entfernung etwas Unbestimmtes und Schwermüthiges, das sie verführerischer macht, als die Stimme der Leidenschaften selbst ist.

Noch ein Wort von der religiösen Schwermuth. *Gray** und *Hervey*** ausgenommen, kenne ich keinen protestantischen Schriftsteller als *Necker*, der Empfindungen, die aus frommer Stimmung hervor gegangen, mit Innigkeit ausgedrückt hätte. *Pope* war bekanntlich katholisch, *Dryden* war es wenigstens von Zeit zu Zeit und man glaubt, auch *Shakespeare* habe zur römischen Kirche gehört. Ein Vater, der seine Tochter in einem fremden Lande heimlich begräbt, war ein schöner Stoff für einen christlichen Priester. Und doch, wenn man die rührende Vergleichung mit den Vögeln abrechnet, bleiben kaum einige rührende Züge in der Nacht übrig, welche *Narzisse* überschrieben ist.

»Tochter der Harmonie, so schön, als lieblich, so jung als schön, so sanft als jung, so fröhlich als sanft, so schuldlos als fröhlich, und so glücklich als gut, wenn Glück hienieden wohnt, denn das Glück hatte dort oben die Wohnung ihr bereitet. Gleich den Vögeln, welche ausgezeichnet durch Gesang und Schönheit des Gefieders, von dem Schicksale, das gern in höheren Lüften weilt, getroffen werden, so fiel sie aus dem Gipfel des Gebüsches herab, wo nun alle Harmonien erstorben sind. Alle Reize sind verschwunden mit den Wundern ihres Gesanges. Ihre Stimme tönet noch in meinem entzückten

---

* In seiner berühmten Elegie auf einen Dorfkirchhof.
** In seinen Betrachtungen über Gräber.

Ohre, hinschmelzend, und mein Herz – o wie könnte ich sie vergessen – erbebet dabei noch mit wollüstigem Schmerze.«*

Mir kommt, ich weiß nicht, ob ich mich irre, diese Stelle ganz unausstehlich vor. Ist das die Sprache eines Vaters? Klagt so die Mutter des Euryalus über den Verlust ihres Sohnes? Weinet Priamus so über Hektor's Leiche?

Man stößt bei *Young* nur auf einzelne glückliche Züge, selten aber liest man zehn ganz vorwurflose Verse. Zuweilen erinnert er an Seneca und Lukan, nie aber an Hiob und Pascal. Er ist nicht der Mann des Schmerzes und wahrhaft unglücklichen Herzens kann er nicht gefallen.

In mehren Stellen spricht Young gegen die Einsamkeit. Sein Herz war also nicht gewohnt, sich in Träumereien zu verlieren.** Die Heiligen finden in der Wüste Nahrung für ihre

---

* Sweet harmonist! and beautiful as sweet!
  And young as beautiful! and soft as young!
  And gay as soft! and innocent as gay!
  And happy (if ought happy here) as good.
  For fortune fond had built her nest on high.
  Like birds quite exquisite of note and plume,
  Tranxfix'd by fate (who loves a lofty mark)
  How from the summit of the grove she fell,
  And left it unharmonious! All its charm
  Extinguish'd in the wonders of her song!
  Her song still vibrates in my ravish'd ear
  Still melting there, and with voluptuous pain
  (O to forget her!) trilling thro' my heart.

** Der englische Herausgeber des *Chateaubriand*'schen Werkes erinnert bei dieser Stelle, daß man in England mit dem Verfasser in mehren Punkten seines Urtheils über Young nicht einstimmen werde, und daß man wohl nicht sagen könne, dieser liebe die Einsamkeit nicht, wenn man die Verse lese:

  Oh lost to virtue, lost to manly thought,
  Lost to the noble sallies of the soul,
  Who think it solitude to be alone!
  Communion sweet, communion large and high!

frommen Betrachtungen, und der Parnassus ist auch ein einsames Gebirge. –

Johnson vergleicht Young's Nachtgedanken, nachdem er sie strenge geprüft, mit einem sinesischen Garten. Ich wollte mit meinen Bemerkungen bloß soviel sagen, daß wir, bei unparteilicher Würdigung fremder und einheimischer Erzeugnisse des Geistes, immer eine auffallende Ueberlegenheit auf der Seite der französischen Literatur finden werden, wenn wir auch in der Stärke der Gedanken Fremden nur gleich sind, so zeigen wir doch in Hinsicht auf Geschmack ein entschiedenes Uebergewicht. Man vergesse doch nie, daß der Geist schafft, der Geschmack aber erhält. Der Geschmack ist der gesunde Verstand des Schöpfergeistes, ohne Geschmack ist dieser nur eine erhabene Thorheit. Aber es ist sonderbar, daß jenes sichere Gefühl, vermöge dessen jedes Ding immer nur den Ton gibt, den es geben soll, noch weit seltener ist, als die schaffende Kraft. Witz und Schöpferkraft des Geistes findet man ziemlich gleich im Laufe der Jahrhunderte vertheilt, aber es gibt in diesen Jahrhunderten nur gewisse Völker, und bei diesen Völkern nur gewisse Zeitpunkte, wo der Geschmack sich in seiner ganzen Reinheit zeigt; vor und nach diesen Zeitpunkten sündigt alles durch Mangel oder Uebermaß. Darum sind vollkommene Werke so selten, denn sie müssen in jenen glücklichen Tagen erzeugt werden, wo Geschmack und Schöpfergeist sich vermählen. Aber eine solche Verbindung scheint, wie die Annäherung mancher Gestirne, nur nach Jahrhunderten sich zu ereignen und nur einen Augenblick zu dauern.

———

Jetzt ein Wort von einem Manne, den seine Heimath vergöttert, das ganze nördliche Europa bewundert und der von einigen Franzosen über Corneille und Racine gesetzt worden ist. Voltaire war's, der Frankreich zuerst mit *Shakespeare* bekannt machte. Das Urtheil, welches er anfangs über den englischen Tragiker fällte, war, wie meistentheils seine ersten Urtheile, voll Mäßigung, Geschmack und Unparteilichkeit. Er schrieb 1730 an Lord Bolingbroke: »Mit welchem Vergnügen habe ich in London den Julius Cäsar gesehen, der seit 150 Jahren auf Ihrer Bühne entzückt!« Und anderswo: »Shakespeare war der Schöpfer der englischen Bühne. Sein Geist war kräftig und fruchtbar, voll Empfänglichkeit für Natur und Erhabenheit, aber ohne einen Funken von Geschmack, ohne die mindeste Kenntniß der Regeln. Es ist vielleicht ein gewagtes, aber wahres Wort, die Verdienste dieses Schriftstellers haben die englische Bühne verdorben. Es gibt so schöne Auftritte, so große und schreckliche Stücke in seinen mißgestalteten Possen, die man Trauerspiele nennt, daß seine Schauspiele stets großen Beifall gefunden haben.«

Das war Voltaire's erste Meinung über Shakespeare. Als man aber diesen hohen Geist ein Muster der Vollkommenheit pries, als man sich nicht schämte, die Meisterstücke der griechischen und französischen Bühne vor ihm herab zu setzen, da erkannte der Dichter der *Merope* die Gefahr. Er sah, daß er, indem er die Schönheiten eines Barbaren heraus hob, Menschen verführt hatte, welche nicht, wie er es that, den Zusatz vom Golde zu scheiden verstanden. Er wollte zurück treten, er griff den Götzen an, dem er Weihrauch gestreut hatte, aber es war schon zu spät, und vergebens bereute er, daß er der Mittelmäßigkeit Thür und Thore geöffnet, daß er, nach seinem Ausdrucke, beigetragen hatte, das Ungeheuer auf den Altar zu stellen. Voltaire hatte das, damahl wenig bekannte, England zu einer Art von Wunderland gemacht, wohin er die Helden, die Meinungen und die Ansichten versetzte, die er brauchte. Am Ende seines Lebens machte er sich Vorwürfe über diese falsche Bewunderung, wodurch er bloß seine Systeme hatte unterstützen wollen. Er fing an, die verderblichen Folgen davon einzusehen, aber leider konnte er zu sich sagen: et quorum pars magna fui.

Ein trefflicher Beurtheiler, *La Harpe*, hat in seiner Zergliederung des *Sturmes*, nach Le Tourneur's Uebersetzung, Shakespeare's plumpe Regellosigkeit in das helleste Licht gestellt, und die französische Bühne gerächt. Zwei neuere Schriftsteller, Frau von Stael-Holstein und Rivarol, haben den englischen Dichter gleichfalls beurtheilt. Es scheint mir indeß, daß man nach allem, was über diesen Gegenstand gesagt worden ist, noch Stoff zu mehren wichtigen Bemerkungen finde.

Begnügt man sich, im Allgemeinen über Shakespeare zu reden, ohne die Fragen, worauf es ankommt, vest zu stellen, und bei der Beurtheilung auf gewisse Hauptpunkte zurück zu gehen, so wird man sich nie verständigen. Meiner Ansicht nach muß Shakespeare aus einem dreifachen Gesichtpunkte betrachtet werden, 1) in Hinsicht auf sein Zeitalter, 2) auf seine natürlichen Anlagen, und 3) auf die dramatische Kunst.

In der ersten Hinsicht kann man Shakespeare nicht genug bewundern. Er ist Lopez de Vega vielleicht überlegen, und kann gar nicht verglichen werden mit Garnier und Hardy, welche noch die ersten Töne der französischen Melpomene stammelten.

In der zweiten Beziehung ist Shakespeare nicht weniger außerordentlich. Ich weiß nicht, ob je ein Mensch tiefere Blicke in das menschliche Herz geworfen hat. Mag er Leidenschaften schildern, oder von Moral und Politik handeln, oder das Unglück der Staaten beklagen und vorher sehen, immer findet man zahllose Gedanken und Aussprüche bei ihm, welche sich in allen Vorfällen des Lebens anwenden lassen. In dieser Beziehung und nicht in Beziehung auf dramatische Kunst muß man die schönen Scenen bei Shakespeare betrachten. Hierin liegt eben der Irrthum der Bewunderer des englischen Dichters, denn sieht man jene Scenen in Beziehung auf die

Kunst, so kommt es darauf an, ob sie nothwendig, ob sie mit der Haupthandlung gut verbunden, ob sie gut herbei geführt sind, ob sie als Theile zum Ganzen gehören und die Einheit nicht verletzen. Hat man aber nur den großen Dichter im Auge, wie schön erscheint uns dann z.B. der dritte Auftritt des vierten Aufzugs im Macbeth, wo das herrliche: »*Er hat keine Kinder!*« unvergleichlich ist, oder die schöne Abschiedscene in Romeo und Julie.

Man kann im Allgemeinen bemerken, daß Shakespeare häufig Gebrauch von Kontrasten macht. Er stellt gern Fröhlichkeit neben Traurigkeit, er verbindet gern Lustbarkeiten und Freuderuf mit Trauerfeierlichkeiten und Schmerzgeschrei. Wenn die Spielleute, die zu Juliens Hochzeit bestellt waren, gerade in dem Augenblicke ihres Leichenbegängnisses ankommen, wenn sie, gleichgültig gegen die Trauer des Hauses, sich mit unanständigen Scherzen und mit Dingen, welche dem unglücklichen Ereignisse ganz fremd sind, unterhalten, wer erkennt in diesen Zügen nicht das Leben? wer fühlt nicht das Schmerzliche dieses Gemähldes? wer war nicht Zeuge ähnlicher Auftritte?

Um endlich auf den dritten, oben angegebenen Gesichtpunkt zu kommen, so findet sich alles, was man zu Shakespeare's Lobe gesagt hat, in Johnson's Worten. Shakespeare, sagt er, hat keine Helden. Er setzt Menschen auf die Bühne, welche handeln und reden, wie der Zuschauer selbst unter ähnlichen Umständen handeln und reden würde. Shakespeare's Stücke sind, strenge genommen, nicht Lustspiele oder Trauerspiele, es sind Darstellungen, welche das wirkliche Leben unter dem Monde schildern. Sie zeigen, unter zahllosen Gestalten, das Gute und Böse, Freude und Schmerz, in unendlicher Mannigfaltigkeit verbunden; sie zeigen den Lauf der Welt, wo bei dem Verluste des Einen der Andre gewinnt, wo der Lüstling sich dem rohen Genusse überläßt, in dem Augenblicke, als der Betrübte seinen Freund begräbt, wo die Bosheit des Einen zuweilen vereitelt wird durch den Leichtsinn des Andern, und wo tausend Glückfälle und tausend Unfälle sich ereignen oder absichtlos vereitelt werden.

Alle ähnliche Aeußerungen laufen darauf hinaus, daß es keine dramatische Regeln gebe, oder daß Kunst nicht Kunst sei. Als Voltaire sich den Vorwurf machte, daß er durch Shakespeare's Lobpreisung der Mittelmäßigkeit Thor und Thüre geöffnet habe, meinte er ohne Zweifel, daß bei Verbannung aller Regeln, und bei der Rückkehr zur nackten Natur nichts leichter sei, als den Meisterstücken der englischen Bühne gleich zu kommen. Wenn es, um den Gipfel der tragischen Kunst zu erreichen, hinlänglich ist, widerstreitende Scenen zusammen zu häufen, ohne Folge und Verbindung, Gemeines und Edles, Lächerliches und Rührendes zu vereinen, den Wasserträger neben den König, die Kräuterhändlerinn neben die Königinn zu stellen, wer darf dann nicht hoffen, mit Sophocles und Racine wetteifern zu können? Wenn jemand, der viel in der Welt gesehen hat, sich die Mühe nehmen will, die Ereignisse eines Reisetages, sein Gespräch mit dem Handwerker, oder dem Minister, dem Soldaten, oder dem Könige, sich zurück zu rufen, wenn er sich an die Gegenstände erinnert, die vor seinen Blicken vorüber gegangen sind, das Tanzfest, oder das Leichenbegängniß, das Festmahl des Reichen, oder das Elend des Armen, so wird er ein Schauspiel nach der Art des englischen Dichters gemacht haben. Züge des Schöpfergeistes können darin fehlen, aber wenn man nicht Shakespeare den Dichter darin wieder findet, so wird man doch Shakespeare den Dramatiker darin finden.

Zuvörderst überzeuge man sich, daß Schreiben eine Kunst ist, daß diese Kunst nothwendig Gattungen und jede Gattung Regeln hat. Diese Gattungen und Regeln sind keineswegs willkührlich, sondern aus der Natur selbst hervor gegangen;

die Kunst hat nur ausgeschieden, was die Natur verbunden
hat, sie hat die schönsten Züge ausgewählt, ohne sich von der
Aehnlichkeit des großen Musters zu entfernen. Die Vollkommenheit zerstört die Wahrheit nicht, und man kann sagen,
daß Racine, bei aller Trefflichkeit in der Kunst, natürlicher als
Shakespeare ist, so wie Apollon, bei aller Göttlichkeit,
menschlichere Formen hat, als ein plumpes ägyptisches Standbild. Aber, sagt man, Shakespeare bringt doch, bei aller Ver-
letzung der Regeln, mehr Leben und Bewegung auf die Bühne,
und flößt mehr Schrecken ein, als die französischen Trauer-
spieldichter. Ich will nicht untersuchen, in wie fern diese Behauptung gegründet sei, ob nicht die Freiheit, die man sich
nimmt, alles zu sagen und alles darzustellen, ganz natürlich
zu diesem Gedränge von Scenen, zu dieser Menge von Personen führe; ich will nicht untersuchen, ob in Shakespeare's
Stücken alles rasch zur Entwickelung fortschreite, ob der
Knoten mit Kunst geschürzt und aufgelöset werde, wenn das
Interesse für den Zuschauer unaufhörlich fortgeführt und
wieder abgeschnitten wird; aber ich meine, wenn es bei unsern Trauerspieldichtern an Bewegung fehlt, – was ich jedoch
keineswegs zugebe – so haben sie desto mehr Leben in die
Handlung gebracht. Aber muß man darum die Mißgeburten
dieses Mannes, den Voltaire einen trunknen Wilden nannte,
auf die Bühne bringen? Eine einzelne Schönheit bei Shakespeare entschuldigt nicht seine zahllosen Fehler. Ein gothi-
sches Denkmahl kann durch seine Dunkelheit und selbst
durch die Mißgestalt seiner Verhältnisse gefallen, aber niemand wird einen Palast nach solchem Muster bauen wollen.

Man behauptet, Shakespeare sei besonders in der Kunst,
Thränen zu entlocken, ein großer Meister. Ich weiß nicht, ob
es wirklich eine so große Kunst sei, zu Thränen zu rühren,
in dem Sinne, wie man es heut zu Tage nimmt. Nur schöne
Dichtung entlockt wahre Thränen. Wenn Sophokles mir den

blutenden Oedipos zeigt, bricht mein Herz, aber mein Ohr wird zu gleicher Zeit von süßen Tönen getroffen, meine Augen werden entzückt durch ein schönes Gemählde, ich fühle zugleich Vergnügen und Schmerz, ich habe eine gräßliche Wahrheit vor mir, und doch fühle ich, daß ich nur die sinnreiche Nachahmung einer Handlung sehe, die nicht mehr ist und vielleicht nie gewesen ist. Dann fließen meine Thränen mit Lust, ich weine, aber bei den Tönen der Musen. Diese Töchter des Himmels weinen auch, aber sie entstellen ihre göttlichen Züge nicht durch Verzerrungen. Die Alten gaben selbst den Furien ein schönes Gesicht, wahrscheinlich weil der innere Vorwurf eine sittliche Schönheit hat.

ERINNERUNGEN
AUS
AMERIKA.

I.

Reise im Gebiete der Wilden.

Als ich mich entschlossen hatte, zu den Wilden zu reisen, schiffte ich mich auf dem Fahrzeuge ein, das auf dem *Hudson*-Flusse von New-York nach Albany geht. Die Gesellschaft war zahlreich und angenehm, sie bestand aus mehren Frauen und einigen amerikanischen Offizieren. Ein frischer Wind führte uns glücklich zu unserer Bestimmung. Am Abend des ersten Tages versammelten wir uns alle auf dem Verdecke, um Früchte und Milch zu genießen. Die Frauen setzten sich auf die Bänke des Kastells, die Männer zu ihren Füßen. Die Unterhaltung war nicht lange lebhaft; ich habe immer bemerkt, daß uns der Anblick eines schönen Naturgemähldes unwillkührlich zum Schweigen stimmt. Da rief plötzlich Einer aus der Gesellschaft: Hier ist die Stelle, wo der Major *Andre* hingerichtet wurde.

Meine Gedanken geriethen alsbald in Unordnung. Man bat eine sehr hübsche Amerikanerinn, das Lied auf den unglücklichen jungen Mann zu singen; sie gewährte unsere dringenden Bitten und ließ tief bewegt eine schüchterne, aber hinreißend süße Stimme hören. Die Sonne sank. Wir waren zwischen den hohen Gebirgen. Man sah hier und da über den Abgründen einzelne Hütten hangen, die wechselnd hinter den weißen und rosigen Wolken verschwanden, welche an jenen Höhen vorüber zogen. Wenn man über diesen Wolken die Gipfel der Felsen und die belaubten Wipfel der Tannen erblickte, so glaubte man kleine Inseln in der Luft schwimmen zu sehen. Der prächtige Fluß, der anfangs von Nord nach Süd floß, dehnte sich in gerader Linie zwischen gleich laufenden Ufern, wie eine bleierne Tafel, vor uns aus, plötzlich aber gegen Abend sich wendend, krümmten sich seine goldnen Wellen um einen Berg, der mit seinem ganzen grünen Pflanzenschmucke in den Fluß vorsprang und einem dichten Strauße glich, über welchen die blauen goldbesäumten Wolken sich ausbreiteten. Wir waren in tiefes Schweigen versunken; ich wagte es kaum zu athmen. Nichts störte den klagenden Gesang der jungen Reisenden, als das unmerkliche Geräusch der Wellen, die um das sanft hingleitende Fahrzeug spielten. Zuweilen schwoll die Stimme ein wenig, wenn wir näher am Ufer hinfuhren, und an einigen Stellen wurde sie durch einen schwachen Wiederhall wiederhohlt. Die Alten würden gesagt haben, *Andre's* Geist, durch den rührenden Gesang angezogen, murmele die letzten Töne in den Bergen nach. Der Gedanke an diesen jungen Mann, der liebte, ein Dichter, tapfer und unglücklich war, der von seinen Mitbürgern beklagt, durch Washington's Thränen geehrt wurde, und in der Blüte seines Lebens für sein Vaterland starb, machte diesen romantischen Auftritt noch rührender. Die amerikanischen Offiziere und ich, konnten uns der Thränen nicht enthalten; ich, weil ich in süße Betrachtungen versunken war, sie ohne Zweifel, weil sie sich der vorüber gegangenen Unruhen ihres Vaterlandes erinnerten, und dabei die Ruhe des Augenblicks desto inniger genossen. Sie konnten nicht ohne Entzückung jene Gegenden betrachten, die ehedem mit schimmernden Kriegerschaaren bedeckt waren, von Waffengeräusche wiederhallten, und jetzt in tiefen Frieden begraben lagen, vom Abendglanze beschienen, von der Pracht der Natur verziert, von dem sanften Gesange der rothen Steinbeißer und dem Girren der wilden Ringeltauben belebt waren, und deren einfache Bewohner, auf der Spitze eines Felsens nicht weit von ihren Hütten sitzend, ruhig auf unser Fahrzeug hinab sahen, das unter ihnen auf dem Strome fuhr.

Die Reise, welche ich unternahm, war übrigens nur die Vorbereitung zu einer weit wichtigern, über welche ich nach meiner Rückkehr dem Herrn von Malesherbes eine Denkschrift mitgetheilt hatte, welche der Regierung vorgelegt werden sollte. Ich hatte mir nichts geringeres vorgesetzt, als zur Entscheidung der großen Frage über eine nordöstliche Durchfahrt aus dem Südmeere in das atlantische, eine Landreise zu unternehmen. Man weiß, daß ungeachtet *Cook's* und späterer Seefahrer Bemühungen, noch immer ein Zweifel zurück geblieben ist. Man behauptet, es sei im Jahre 1786 ein Handelschiff unter 48° nördlicher Breite in ein Binnenmeer des nördlichen Amerika eingelaufen, und alles, was man zeither für die Nordküste von Californien gehalten habe, sei nur eine große, gedrängte Inselkette. Ein Reisender, der von der *Hudson-Bai* ausgegangen ist, hat unter 72° nördlicher Breite das Meer bei der Mündung des *Kupfer*-Flusses gesehn. Auch heißt es, es sei im verflossenen Sommer eine Fregatte von der Admiralität in England ausgesandt worden, um über die oben erwähnte Entdeckung des Handelschiffes genauere Untersuchungen anzustellen, und sie habe bei ihrer Rückkehr die Bestätigung von *Cook's* Angaben mitgebracht.* Sei dem, wie ihm wolle, ich hatte folgenden Plan entworfen.

* Alles, was der Verfasser hier über die Zweifel sagt, welche in Hinsicht auf die nordöstliche Durchfahrt noch obwalten sollen, ist durch die Untersuchungen neuerer Seefahrer, besonders durch *Vancouver*, längst erledigt worden. Als er die unten (VI.) mitgetheilten Bemerkungen über *Mackenzie's* Reise niederschrieb, wußte er, daß auch durch die Bemühungen dieses Reisenden die Unmöglichkeit der vermutheten Durchfahrt aus dem stillen Meere in die Gewässer der *Hudson*-Bai erwiesen war. Nur ein paar Worte zur Erläuterung. Die ersten Spuren der Küstenländer des nordwestlichen Amerika finden sich in den Nachrichten der spanischen Seefahrer, Joann *Fuca* (eines gebornen Griechen) und des Bartholomäus *Fuente*. Jener fand unter 47° 45' N. B. die Oeffnung einer Meerenge, die nach ihm *Fuca-Straße* genannt ward. Man fand

Wenn die Regierung meine Absicht befördern wollte, so würde ich mich nach New-York eingeschifft haben. Hier wollte ich zwei große bedeckte Wagen bauen lassen, die von vier Paar Ochsen gezogen werden sollten. Ich hätte mir überdieß sechs kleine Pferde verschafft, wie diejenigen waren, die ich auf meiner ersten Reise brauchte. Drei europäische Diener und drei Wilde aus den *Fünf-Nationen* sollten meine Begleiter sein. Gewisse Ursachen halten mich ab, den Entwurf, den ich ausführen wollte, hier umständlicher darzulegen; ich habe es in der erwähnten Schrift gethan, die ich noch besitze, und die für diejenigen, welche unbekannte Gegenden erforschen wollen, nicht ohne Nutzen sein würde. Nur so viel setze ich noch hinzu, daß ich das Vorhaben, die Wüsten Amerika's zu durchwandern, würde aufgegeben haben, wenn es den einfältigen Bewohnern derselben eine Thräne hätte kosten sollen. Unter diesen wilden Völkern sollte, nach meinem Wunsche, *ein*

jedoch bald, daß alle vorgebliche Durchfahrten nur große Becken und Buchten, zwischen einer langen Reihe von Inseln waren, welche sämmtlich an einem großen Vestlande endigten, das hier nicht einmahl einen bedeutenden Fluß ins Meer ergoß. Der in russischen Diensten stehende Däne *Bering*, welcher in der ersten Hälfte des achtzehnten Jahrhunderts diese Küsten untersuchte, bestätigte jene Entdeckungen. Noch mehr that dieß späterhin *Cook*. Seit der letzten Reise dieses unsterblichen Seefahrers aber, der die nordwestliche Küste von Amerika nur zum Theil erforschen konnte, waren allerdings durch einige Pelzhändler aus verschiedenen europäischen Ländern widersprechende Nachrichten verbreitet worden, und die alte Sage von einer nordöstlichen Verbindung zwischen dem stillen und atlantischen Meere lebte wieder auf. Man gab jene Küste für Inselgruppen von verschiedener Größe aus, zwischen welchen Durchfahrten und Straßen sich befinden sollten, und über welchen man ein offenes Meer wollte gefunden haben; man berief sich auf die oben erwähnten unregelmäßigen Untersuchungen der Spanier im sechzehnten Jahrhunderte. Diese Ansicht fand noch Beifall zu der Zeit, wo Chateaubriand seinen Reiseentwurf gemacht zu haben scheint. Die britische Regierung sandte damahl (1790) den kundigen Seefahrer *Van-*

Mann mit langem Barte, noch lange nach meiner Abreise so viel bedeuten, als der Freund und Wohlthäter der Menschen.

Nach allen jenen Vorbereitungen, hätte ich mich auf den Weg gemacht, und wäre gerade nach Abend gezogen, längs den Seen von Canada, bis zu der Quelle des *Mississipi*, dessen Lauf ich würde untersucht haben. Von hier wäre ich in die Ebenen von *Ober-Luisiana* hinab gegangen, bis zu 40° nördlicher Breite, und hätte alsdann mich wieder westlich gewendet, um die Küste des Südmeers, ein wenig unterhalb des Meerbusens von Californien, zu erreichen. Ich wollte weiter, immer im Angesichte des Meeres, dem Laufe der Küsten folgen, und *Neu-Mexico* im Rücken, gerade gegen Mitternacht ziehen. Wäre meine Richtung nicht durch irgend eine Entdeckung verändert worden, so würde ich bis zur Mündung des großen *Cook*-Flusses und weiter bis zum *Kupfer*-Flusse unter 72° nördlicher Breite vorzudringen gesucht haben.

couver, der früher mit Cook die Welt umsegelt hatte, mit dem Auftrage aus, die nordwestliche Küste von Amerika vom 30 bis 60 Grade nördlicher Breite zu erforschen, und genau zu untersuchen, ob jene Küste aus vestem Lande, oder zerstreuten Inseln bestehe. Vielleicht war die Fregatte, deren Chateaubriand erwähnt, das Schiff *Discovery*, worin *Vancouver* seine Reise unternahm. Dieser treffliche Seemann befuhr den ganzen Lauf der Küste und verfolgte jede Spur einer Durchfahrt, fand aber nichts als kleine Flüsse und Buchten, bis sich ihm die *Fuca*-Straße öffnete, die man für den Anfang der vermeinten Durchfahrt gehalten hatte. Vancouver untersuchte diese Straße mit mühsamer Genauigkeit, und fand, daß sie eine Meerenge ist, welche die nach ihm genannte, *Vancouver*-Insel vom vesten Lande trennt. Alle Hoffnungen, auf der nordwestlichen Küste von Amerika aus einem Meere in das andre zu kommen, mußten nun verschwinden. S. A Voyage of discovery to the north pacific Ocean and round the world – London 1798, 3 Bde. in 4. und 1 Bd. Landkarten und Ansichten. – Später wurde jenes Ergebniß seiner Untersuchungen durch *Mackenzie* und durch die Fahrten einiger Russen, *Sarytschew's*, *Billings*, *Lisjanski's* (1806–1808) vollkommen bestätigt. *D. Ueb.*

Hätte ich endlich nirgend eine Durchfahrt gefunden, und nicht um das nördlichste Vorgebirge von Amerika wandern können, so würde ich über die *Hudson-Bai, Labrador* und *Canada* nach den vereinigten Staaten zurück gekehrt sein.

Das war die große gefahrvolle Reise, die ich zum Vortheile meines Vaterlandes und Europa's unternehmen wollte. Nach meiner Schätzung würde sie mich, Zufälle nicht in Anschlag gebracht, fünf bis sechs Jahre beschäftigt haben. Über den Nutzen derselben kann wohl kein Zweifel sein. Ich wollte die Naturmerkwürdigkeiten beschreiben, die Völker und ihre Sitten schildern, die vorzüglichsten Ansichten zeichnen.

Die Gefahren der Unternehmung wären allerdings groß gewesen, aber ich glaube, diejenigen, welche alle Gefahren berechnen, werden schwerlich zu den Wilden reisen. Doch hat man in dieser Hinsicht auch wohl übertriebene Besorgnisse. Wenn ich in Amerika mich in bedenklichen Lagen befand, so entstand die Gefahr stets aus örtlichen Umständen, oder aus meiner eigenen Unvorsichtigkeit, nie aber ward ich durch Menschen darein verwickelt. So z. B. als ich den *Niagara-Fall* besuchte. Die Leiter, die sich ehedem dort befand, war zerbrochen. Ich wollte, aller Vorstellungen meines Wegweisers ungeachtet, über einen senkrechten, fast zwei hundert Fuß hohen Felsen zu der Tiefe des Wasserfalles hinab steigen. Es war sehr gefährlich. Dem donnernden Wassersturze, dem furchtbaren Abgrunde, der unter mir schäumte, zum Trotze, ward ich nicht schwindelig und kam glücklich bis ungefähr 40 Fuß von der Tiefe des Schlundes. Aber nun fand ich an dem glatten, steilen Felsen weder Wurzeln, noch Spalten, wo ich meine Füße einsetzen konnte. Ich hing an meiner Hand über der Tiefe, konnte weder aufwärts, noch abwärts, fühlte schon, wie meine Finger allmählig vor Mattigkeit sich öffneten und sah unvermeidlichen Tod vor Augen. Es gibt wenig Menschen, die in ihrem Leben zwei solche Minuten gehabt haben, als ich, über dem Strudel des Niagara hangend, sie zählte. Endlich öffneten sich meine Hände und ich fiel. Aber – unbegreifliches Glück! ich lag auf dem nackten Felsen, wo ich alle Glieder hätte zerbrechen können, und fühlte eben keine Schmerzen. Ich lag ungefähr einen halben Zoll vom Rande des Abgrundes und war doch nicht hinab gerollt. Als endlich die Kälte des Wassers mich durchdrang, merkte ich, daß ich doch nicht so wohlfeil davon gekommen war, als ich anfangs geglaubt hatte. Mein linker Arm schmerzte unerträglich, er war über dem Elbogen gebrochen. Ich gab meinem Führer, der von oben auf mich herab sah, ein Zeichen, und er hohlte schnell einige Wilde herbei, die mit vieler Mühe an Birkenstricken mich hinaufzogen und mich in ihre Hütte brachten.

Es war nicht die einzige Gefahr, worein ich am *Niagara* gerieth. Bei meiner Ankunft ging ich zu dem Falle, indem ich den Zaum des Pferdes um den Arm gewunden hatte. Während ich mich neigte, um hinab zu blicken, fuhr eine Klapperschlange in einem nahen Busche auf. Mein Pferd ward scheu, und sich bäumend näherte es sich dem Abgrunde. Ich konnte meinen Arm nicht los machen, und das Pferd, immer mehr erschrocken, zog mich nach sich. Schon war es mit den Vorderbeinen herüber und hielt sich, am Rande des Abgrundes nieder gebeugt, nur noch durch die Kraft seiner Schenkel. Es war um mich geschehen, da machte das Thier, selbst erschreckend vor der neuen Gefahr, die letzte Anstrengung und flog, sich rasch wendend, auf zehn Fuß vom Abgrunde.

II.
DIE INSEL GRACIOZA.

Als wir im Frühlinge 1791 Mangel an Wasser und frischen Vorräthen hatten, und uns auf der Höhe der *Azorischen Inseln** befanden, beschlossen wir ans Land zu gehen. Auf dem Schiffe, mit welchem ich damahl nach Amerika reisete, befanden sich mehre französische Priester, die ihr Vaterland verlassen hatten, und sich unter der Aufsicht des Klosterobern von St., M.N., nach Baltimore begaben. Unter diesen Geistlichen waren einige Fremde, unter andern M.T., ein junger Engländer von einem sehr guten Hause, welcher kurz zuvor den katholischen Glauben angenommen hatte.

Die Geschichte dieses jungen Mannes ist zu merkwürdig, als daß ich sie nicht näher berühren sollte, und könnte für mehre Personen in England anziehend sein.

M.T. stammte von einer schottischen Mutter und einem englischen Vater, welcher, wenn ich nicht irre, Pfarrer zu W. war; doch kann es sein, daß ich die Nahmen vergessen habe, wenigstens habe ich vergebliche Versuche gemacht, diesen zu entdecken. Er stand bei der Artillerie, wo er sich wahrscheinlich bald würde ausgezeichnet haben. Er war Mahler, Tonkünstler, Mathematiker, sprach mehre Sprachen, und verband mit den Vorzügen eines schönen Wuchses und eines einnehmenden Aeußeren, nützliche Kenntnisse und Geschicklichkeiten, die in der Welt beliebt machen.

Als der Geistliche, M.N., ich glaube im Jahre 1790, wegen seiner Angelegenheiten, nach England kam, lernte er T. ken-

---

* Sie liegen unter 38–41° nördlicher Breite. Es sind ihrer neun.

nen. M. N. besaß jenes warme Gefühl, womit man unter Menschen von so lebhafter Einbildkraft als T., gar leicht Bekehrte macht. Es ward daher verabredet, T. sollte nach Paris reisen, von dorther sein Offizierpatent an den Herzog von Richmond zurück schicken, den katholischen Glauben annehmen, die Weihen empfangen, und endlich mit M. N. nach Amerika gehen. Alles wurde ausgeführt, und ungeachtet die Briefe seiner Mutter ihm Thränen auspreßten, schiffte sich T. doch nach Amerika ein.

Einer von den Zufällen, welche unsere Schicksale bestimmen, führte mich auf das selbige Schiff, wo sich der junge Mann befand. Ich entdeckte bald seine schönen Eigenschaften, und konnte mich nicht genug über den seltsamen Zufall verwundern, der einen reichen Engländer von guter Herkunft unter eine Gesellschaft von katholischen Geistlichen geworfen hatte. T. bemerkte, daß ich ihn begriff, und suchte mich auf, aber er scheute sich vor M. N., der eine zu große Vertraulichkeit zwischen mir und seinem Jünger zu fürchten schien.

Unsere Reise dauerte lange, und doch hatten wir noch nicht einander unsre Herzen öffnen können. Einst aber, als wir des Nachts zusammen auf dem Kastell blieben, erzählte T. mir seine Geschichte und wir knüpften das Band zärtlicher Freundschaft.

T. war, wie ich, ein warmer Freund der Natur. Wir brachten ganze Nächte in Gesprächen auf dem Verdecke zu, wann alles im Schiffe schlief, niemand mehr sich regte, als einige Matrosen von der Quartierwache, alle Segel eingezogen waren, und wir von langsamen dumpfen Wogen fortgetragen, hin und her wankten, während das unermeßliche Meer weit umher in Schatten lag und das prächtige Licht des sternenvollen Himmels zurück strahlte. Unsere Unterhaltungen waren vielleicht des großen Schauspiels, das vor uns lag, nicht ganz unwürdig, und es entfuhren uns manche von jenen Gedanken, die man in der großen Welt auszusprechen sich scheuen würde, aber nur zu gern möchte vest halten und aufzeichnen können. In einer jener schönen Nächte, als wir noch ungefähr funfzig Seemeilen von den Küsten Virginiens entfernt waren, und mit einem leichten Westwinde segelten, der uns würzige Düfte vom Lande zutrug, machte er zu einem französischen Liede eine Weise, welche ganz das Gefühl des Augenblicks athmete, der ihn begeisterte. Ich habe dieses köstliche Andenken aufbewahrt, und wenn ich es zuweilen wiederhohle, regen sich Empfindungen in meinem Inneren, die wenige Menschen begreifen möchten.

Als vor jener Zeit der Wind uns nöthigte, hoch nach Norden zu steuern, mußten wir zum zweiten Mahle an der Insel *St. Pierre*, unweit der Küste von Neufundland, anlegen. Während der vierzehn Tage, die wir auf dem Lande zubrachten, durchstrich ich mit T. die Gebirge dieser abscheulichen Insel, und wir verloren uns in den Nebeln, womit sie unaufhörlich bedeckt ist. Die reizbare Einbildkraft meines Freundes ergetzte sich an diesen finstern, romantischen Bildern. Zuweilen, wenn wir unter Nebelwolken und Windstößen umher zogen, das Brüllen des Meeres vernahmen, das uns verhüllt war, über unebene, welke Heiden irrten am Ufer eines rothen Stromes, der zwischen Felsen herabrollte, dann wähnte T. der Barde von Cona zu sein, und als halber Schotländer sprach er laut Stellen aus *Ossian*, wozu er wildfreie Weisen aus dem Stegreife erfand, die mich oft erinnerten an das 'twas like to the memory of joys that are passed, pleasing and mournful to the soul – »*es war wie das Andenken der Freuden, die da nicht mehr sind, erheiternd und traurig für die Seele.*«

Ich bedaure, daß ich nicht einige dieser außerordentlichen Gesänge aufgezeichnet habe, sie würden Liebhaber und Kenner in Erstaunen gesetzt haben. Ich erinnere mich, daß wir einst einen ganzen Nachmittag damit zubrachten, vier große

Steine zum Andenken eines Unglücklichen aufzurichten, dessen ich in einer, nach Ossians Weise gedichteten, Nebengeschichte in meinen verloren gegangenen *Naturgemählden* gedachte. Wir erinnerten uns dabei an *Rousseau*, der sich damit unterhielt, auf seinem Eilande Felsen abzutragen, um zu sehen, was darunter sei; wenn wir dem Verfasser des *Emil* auch nicht an Geiste gleich kamen, so glichen wir ihm doch an einfältigem Sinne. Zu andern Zeiten beschäftigten wir uns mit Kräutersuchen.

Als wir in Baltimore angekommen waren, verließ mich T. eines Morgens, ohne Abschied von mir zu nehmen, ohne sich unserer alten Verbindung zu erinnern, und ich habe ihn seitdem nicht wieder gesehn. Bei meinem spätern Aufenthalte in England habe ich vergeblich mich bemüht, seine Angehörigen zu entdecken. Ich hatte keine andere Absicht, als zu erfahren, daß er glücklich sei, und mich dann zurück zu ziehen; denn als ich ihn kennen lernte, war ich nicht was ich jetzt bin, ich konnte damahl Dienste leisten, und es ist nicht meine Weise, an frühere Verbindungen mit den Reichen zu erinnern, wenn ich ins Unglück gefallen bin. Ich wandte mich an den Bischof von London, aber ich konnte in den Verzeichnissen, die er mir zum Durchblättern gab, den Nahmen des Pfarrers T. nicht finden. Wahrscheinlich hatte ich den Nahmen falsch geschrieben.

Am 6. Mai, gegen 8 Uhr des Morgens, entdeckten wir den Spitzberg der Insel *Pico*,* der höher als der Berg auf Teneriffa sein soll. Bald darauf erblickten wir ein niedrigeres Land und gegen Mittag warfen wir auf einer schlechten Rhede, auf felsigem Grunde, bei 45 Faden Tiefe, Anker.

Die Insel *Gracioza*, vor welcher wir nun lagen, besteht aus kleinen Hügeln, deren Gipfel sich ein wenig kuppelförmig

---

* Eine von den Azoren.

wölben. Sie waren damahl mit dem jungen Grün des Getreides bedeckt, das einen lieblichen Duft verbreitete, der den Azoren eigen ist. Mitten auf diesem wellenförmig sich hinziehenden Teppiche, sah man die regelmäßigen Abtheilungen der Felder, welche durch vulkanische weiße und schwarze Steine gebildet werden, die man als kleine Mauern von halber Mannhöhe auf einander legt. Wilde Feigenbäume mit dunkelblauen Blättern und kleinen purpurrothen Feigen waren hier und da in den Feldern zerstreut. Auf dem Gipfel eines Berges erhob sich eine Abtei. Am Fuße dieses Berges, in einer steinichten Bucht, zeigten sich die rothen Dächer der kleinen Stadt *Santa Cruz*. Das Bild der ganzen Insel, mit allen Einschnitten von Baien, Buchten und Vorgebirgen, blickte verkehrt aus dem Meere auf. Hohe, nackte, senkrecht in's Meer herab steigende Felsen umgürteten sie von außen, und die dunkle Farbe derselben stach mahlerisch ab gegen die weißen Schaumwellen, die sich um ihren Fuß kräuselten. Der Spitzberg der oben erwähnten Insel oberhalb Gracioza, erhob sich majestätisch im Hintergrunde des Gemähldes über einem Wolkendome. Das smaragdne Meer und der reinste blaue Himmel bildeten gleichsam die Teppiche des Schauplatzes, während gefleckte große Möwen, weiße Möwen und azorische Raben schwerfällig und schreiend über dem vor Anker liegenden Schiffe schwebten, bald die Oberfläche der Wogen mit ihren großen sichelförmig gekrümmten Flügeln durchschnitten und Geräusch, Bewegung und Leben um uns her erhöhten.

Es ward beschlossen, daß ich mit T., einem andern jungen Manne und dem zweiten Capitaine als Dolmetscher ans Land gehen sollte. Die Chaluppe ward in's Meer gelassen und unsre Matrosen ruderten auf die Küste hin, wovon wir ungefähr zwei Meilen entfernt waren. Wir sahen bald lebhafte Bewegung auf der Küste. Ein Kanot kam auf uns zu. Sobald wir demselben zurufen konnten, erblickten wir eine Menge von Mönchen. Sie redeten uns portugisisch, italienisch und englisch an, und wir antworteten in allen diesen Sprachen, wir wären Franzosen. Die ganze Insel war in Unruhe. Unser Schiff war das erste Fahrzeug von ansehnlichem Tonnengehalt, das je gewagt hatte, auf der gefährlichen Rhede Anker zu werfen, wo wir uns befanden, überdieß hatte die dreifarbige Flagge hier noch nicht geweht, und man glaubte, wir könnten wohl gar von Algier oder Tunis sein. Als man aber sah, daß wir menschliche Gesicher hatten und verstanden, was man uns sagte, war die Freude allgemein. Die Mönche nahmen uns in ihr Fahrzeug auf, und wir kamen in Santa Cruz an, wo wir, wegen eines heftigen Anstoßens und Abprallens der Wogen am Lande, nicht ohne Schwierigkeit landeten.

Alles lief herbei, uns zu sehen. Vier bis fünf arme Teufel, die man in der Eile mit alten Lanzen bewaffnet hatte, nahmen uns in Beschlag. Die königliche Uniform, die ich trug, verschaffte mir besondere Auszeichnung und man hielt mich für den bedeutendsten Mann unter meinen Gefährten. Wir wurden zu dem Befehlhaber in ein elendes Haus, wo die Exzellenz, in einem armseligen grünen Rocke, der ehedem einmahl mit Gold besetzt gewesen war, uns empfing. Er gab uns die Erlaubniß, alle unsre Bedürfnisse einzukaufen.

Nach dieser feierlichen Einführung wurden wir entlassen und von unsern treuen Mönchen in ein geräumiges Haus geführt. T. hatte einen Engländer gefunden. Derjenige unter den Mönchen, der am eifrigsten für uns sorgte, war ein Matrose aus Jersey, dessen Schiff vor mehren Jahren bei *Gracioza* gescheitert war. Als er allein sich gerettet sah, merkte er, als ein kluger Mann, sogleich, daß es kein andres Gewerbe auf der Insel gab, als das Mönchthum. Er beschloß also, ein Mönch zu werden, war sehr gelehrig bei dem Unterrichte der guten Väter, lernte portugisisch und ein wenig Latein lesen, und da seine Herkunft aus England für ihn sprach, so nahm man dieses Schäflein, das sich zur Heerde gefunden, endlich in die heilige Gemeinschaft auf. Er hatte lange niemand gefunden, mit welchem er seine Muttersprache reden konnte, und war herzlich froh. Er führte uns auf der Insel umher und brachte uns in sein Kloster.

Die Hälfte der Bewohner von Gracioza scheint mir, ohne Uebertreibung, aus *Mönchen* zu bestehen. Folgender Zug kann beweisen, in welcher Unwissenheit sich diese guten Leute am Ende des achtzehnten Jahrhunderts befanden.

Man führte uns geheimnißvoll zu einem kleinen Positiv, in der Meinung, wir hätten eine solche Herrlichkeit noch nie gesehn. Der Organist fing mit stolzer Freude eine jämmerliche Litanei an und wollte in unsern Augen unsere Bewunderung lesen. Wir schienen höchlich überrascht zu sein. T. näherte sich bescheiden, und schien mit großer Ehrerbietung die Tasten zu berühren. Der Organist gab ihm Winke, als hätte er ihm sagen wollen: nehmt euch in Acht! Da ließ T. plötzlich die Harmonien einer berühmten Stelle von Pleyel hören. Der lustige Auftritt, den dieß hervor brachte, ist unbeschreiblich. Der Organist war fast zur Erde gefallen. Die Mönche waren erblaßt, machten lange Gesichter und starrten mit offenem Munde, während die Laienbrüder mit den lächerlichsten Gebehrden ihr Erstaunen ausdrückten.

Als wir unsere Vorräthe am andern Morgen eingeschifft hatten, gingen wir wieder an Bord, begleitet von den guten Mönchen, welche unsre Briefe nach Europa zur Besorgung übernahmen und sich mit großen Freundschaftbetheurungen von uns trennten.

III.

Eine Nacht unter den Wilden.

Der Unglückliche folgt einer natürlichen Regung, wenn er durch die Erinnerung an entschwundene Freuden glückliche Täuschungen zu erneuen sucht. Fühle ich die Langweile des Lebens, ist mein Herz gepreßt in dem Verkehre mit den Menschen, dann wende ich unwillkührlich mich um, und werfe einen Blick der Sehnsucht auf die Vergangenheit. Bezaubernde Betrachtungen, geheime unaussprechliche Reize des innern Selbstgenusses, euch habe ich mitten in den unermeßlichen Einöden Amerika's mit langen Zügen genossen! Man rühmt sich, die Freiheit zu lieben, und fast niemand hat von ihr einen richtigen Begriff. Als ich auf meinen Reisen unter den wilden Eingebornen von Canada die Wohnungen der Europäer verlassen hatte, und mich zum ersten Mahle allein in einem Wäldermeere befand, als gleichsam die ganze Natur vor mir auf den Knieen lag, da ward mein Inneres wunderbar umgewandelt. Wie von Wahnsinn ergriffen, folgte ich keinem Pfade, ging von Baume zu Baume, bald rechts, bald links, und sprach zu mir selber: Hier gibt's keine Wege mehr, keine Städte, keine engen Häuser, keine Präsidenten, keine Republiken, keine Könige, vor allen Dingen keine Gesetze mehr und keine Menschen. Menschen? Ja doch, einige gutmüthige Wilde, die sich um mich so wenig bekümmern, als ich um sie, die, auch wie ich, frei umher irren, wohin die Neigung sie führt, essen, wenn sie wollen, und schlafen, wann und wo es ihnen gefällt. Und um zu versuchen, ob ich denn wirklich in den Stand des Urrechts zurück versetzt sei, nahm ich tausend Handlungen freier Willkühr vor, worüber der lange

Holländer, der mein Führer war, hätte rasend werden mögen. In seinen Gedanken mochte er mich wohl für einen Narren halten.

Von dem drückenden Joche der Welt befreit, fühlte ich damahl die Reize der natürlichen Unabhängigkeit, welche alle Freuden, wovon der gesellschaftliche Mensch einen Begriff haben kann, so weit übertreffen. Ich sah ein, warum noch kein Wilder ein Europäer geworden ist und warum manche Europäer Wilde geworden sind, warum die erhabene Abhandlung *über die Ungleichheit der Menschen** von den meisten Philosophen so wenig verstanden wird. Ich kann es nicht ausdrücken, wie klein und winzig die Völker und ihre gerühmtesten Einrichtungen vor meinen Blicken erschienen. Ich glaubte, die Königreiche der Welt durch ein Verkleinerungglas zu sehen, oder vielmehr blickte ich, vergroßert und erhoben, mit einem Riesenauge auf den Ueberrest meines entarteten Geschlechts.

Wollt ihr Menschen beschreiben, so versetzt euch in die Einöden, werdet auf einen Augenblick Kinder der Natur, und dann, aber nur dann, ergreift die Feder.

Unter den zahllosen Genüssen, die ich auf jenen Reisen fand, hat einer vor allen einen tiefen Eindruck auf mein Herz gemacht.**

Ich war auf dem Wege, den berühmten Niagara-Fall zu besuchen, und zog mitten durch die Stämme der Eingeborenen,

---

* Von J. J. Rousseau. *D. Ueb.*

** Alles Folgende ist, bis auf einige Zusätze, aus der Handschrift der Reisebeschreibung gezogen, welche mit mehren andern Schriften, wie die Naturgemählde, die Geschichte eines Volkstammes in Canada, eine Art von Roman, dessen ganze Anlage und unserm Klima fremden Schilderungen vielleicht nachsichtig wären aufgenommen worden. Man hat meine Art die Natur zu schildern, einiger Maßen des Beifalls werth gefunden; hätte man indeß jene Stücke gesehen, die ich

welche die Einöden im Westen der amerikanischen Ansiedlungen bewohnen. Meine Führer waren die Sonne, ein Ta-
schenkompaß, und der schon erwähnte Holländer, der die
fünf Mundarten der Huronen-Sprache vollkommen verstand.
Wir hatten nichts als zwei Pferde bei uns, welche wir Abends
mit Schellen am Halse frei in die Wälder laufen ließen. Anfangs war ich nicht ohne Besorgniß sie zu verlieren, aber mein
Führer beruhigte mich durch die Bemerkung, daß die guten
Thiere, durch einen wunderbaren Naturtrieb geleitet, sich nie
so weit entfernten, daß sie unsre Nachtfeuer aus dem Gesichte
verloren hätten.

Eines Abends, als wir, nach muthmaßlicher Schätzung, nur
noch 8 bis 9 Wegstunden vom Wasserfalle entfernt zu sein
glaubten, wollten wir vor Sonnenuntergang absteigen, um uns
eine Hütte zu bauen und unser Nachtfeuer, nach der Wilden
Sitte, anzuzünden, da sahen wir im Walde die Feuer einiger
Eingeborenen, die sich am Ufer des Baches, dem wir folgten,
gelagert hatten. Wir gingen auf sie zu. Als der Holländer, auf
mein Geheiß, sie um Erlaubniß gebeten hatte, die Nacht mit
ihnen zuzubringen und sogleich ihre Einwilligung erfolgt
war, legten wir mit unsren Wirthen Hand an's Werk. Es wurden Zweige abgehauen, Pfäle eingesteckt, und Rinden abge-
rissen, um unsern Palast zu decken, und jeder ging dann an
seine besondere Arbeit. Ich trug meinen Sattel herbei, der mir
auf der Reise als treues Kopfkissen diente, der Führer strie-
gelte meine Pferde, aber er brauchte seine Lagerstätte nicht

auf meinen Knieen schrieb, mitten unter den Wilden in den Wäldern,
und an den Ufern der Seen in Amerika, so würde man vermuthlich
damit noch weit mehr zufrieden gewesen sein. Es sind nur einzelne
Blätter davon übrig geblieben, unter andern obiges Bruchstück. Ich
sollte in der Revolution Verwandte, Freunde, und selbst, was einmahl
verloren, nicht ersetzt werden kann, die Früchte des Denkens, das
Einzige, was wir ganz unser Eigenthum nennen können, verlieren.

erst zu besorgen, da er, nicht so zart als ich gewöhnt, mit irgend einem Baumsturze vorlieb zu nehmen pflegte. Als wir endlich mit Allem fertig waren, setzten wir uns, wie Schneider mit untergeschlagenen Beinen, rings um ein ungeheures Feuer, um unsre Maiskolben zu braten, und das Abendessen zu bereiten. Ich hatte noch eine Flasche voll Branntwein, womit ich unsre Wilden nicht wenig erfreute, sie hatten Bärenschinken, und so erhoben wir die Hände zu einem königlichen Mahle.

Die Familie bestand aus zwei Weibern mit kleinen Säuglingen und drei Kriegern. Zwei von diesen mochten 40 bis 45 Jahre alt sein, obgleich sie weit älter schienen, der dritte war ein Jüngling. Die Unterhaltung ward bald allgemein, das heißt, ich gab von Zeit zu Zeit ein paar Worte dazu, und machte viel Gebehrden, eine ausdruckvolle Sprache, welche die Wilden vortrefflich verstehen, und die ich selbst unter ihnen gelernt hatte. Der junge Mann allein behauptete ein hartnäckiges Schweigen und heftete auf mich stets sein Auge. Wie sehr auch sein Gesicht entstellt war durch schwarze, rothe und blaue Streifen, durch geschlitzte Ohren, und durch die Perle, welche in der Nase hing, man konnte den Adel und das warme Gefühl, die es beseelten, nicht verkennen. Wie freute es mich, daß er mich *nicht* liebte! Er schien mir in seinem Herzen die Geschichte aller Leiden zu lesen, womit die Europäer sein Vaterland heimgesucht haben.

Die beiden, ganz nackten, Kinder waren zu unsern Füßen am Feuer eingeschlafen. Die Weiber nahmen sie sanft auf und legten sie auf Felle, mit einer Muttersorgfalt, welche man mit Entzücken bei diesen sogenannten Wilden bemerkte. Die Unterhaltung starb nach und nach ab und jeder schlief ein auf seinem Platze.

Ich allein konnte kein Auge schließen. Als ich von allen Seiten die tiefen Athemzüge meiner Wirthe hörte, erhob ich mich, und das Haupt auf den Elbogen stützend, betrachtete ich, bei dem röthlichen Scheine des hinsterbenden Feuers die Wilden, welche, um mich her ausgestreckt, in Schlaf versunken waren. Wahrlich, kaum vermochte ich meine Thränen zurück zu halten. Guter Jüngling, wie rührend war für mich dein ruhiger Schlummer! Du, der du ein so warmes Gefühl für deines Vaterlandes Leiden zu haben schienst, warest zu groß, zu edel, dem Fremdlinge zu mißtrauen. Europäer, welche Lehre für uns! Eben diese Wilden, die wir mit Feuer und Schwert verfolgt haben, und welchen unsre Habsucht nicht eine Schaufel voll Erde lassen möchte, um ihr unermeßliches Heimathgebiet zu bedecken, eben diese Wilden nehmen ihren Feind in gastfreier Hütte auf, theilen mit ihm ihr armseliges Mahl, und ihr Lager, das kein Vorwurf des Gewissens beunruhigt, und sie schlafen neben ihm den stillen Schlaf des Gerechten. Diese Tugenden sind so hoch erhaben über unsre Übereinkunfttugenden, als die Seele dieser Natursöhne sich über die Seele des gesellschaftlichen Menschen erhebt.

Es war Mondschein. Von meinen Betrachtungen erwärmt, stand ich auf und setzte mich in einiger Entfernung an dem Ufer des Baches nieder. Es war eine jener amerikanischen Nächte, die nie ein menschlicher Pinsel schildern wird und an die ich hundertmahl mit Entzücken zurück denke.

Der Mond stand in der Mitte des Himmelgewölbes. Hier und da, getrennt durch weite Räume, funkelten tausend Sterne. Bald ruhte der Mond auf einer Wolkengruppe, die dem Gipfel hoher, mit Schnee gekrönten, Berge glich; allmählig aber dehnten sich die Wolken aus, und zerflossen in durchsichtige wellenförmige Gürtel von weißem Atlas, oder wurden in leichte Schaumwellen, in zahllose Schäfchen umgewandelt, die in des Himmels blauen Ebenen irrten. Nun schien das Gewölbe des Himmels in ein Sandgestade sich zu verwandeln, wo man wagerecht streichende Schichten und gleichlaufende Wellen bemerkte, wie von des Meeres regelmäßiger Ebbe und Flut angespült. Ein Windstoß zerriß noch einmahl den Schleier, und überall am Himmel bildeten sich blendend weiße Flocken, welche dem Auge so wohl thaten, daß man ihre Weichheit und Schnellkraft zu empfinden glaubte. Nicht minder entzückend war der Anblick der Erde. Das blaue, sanfte Licht des Mondes schwamm still über den Waldgipfeln, und strahlte zwischen den offenen Räumen des Dickichts mitten in die tiefe Finsterniß. Der schmale Bach, der zu meinen Füßen rann, verlor sich bald unter den dichten Schatten der Weideneichen* und des Zuckerahorns, blickte bald wieder hervor auf den lichten Plätzen des Waldes, die von dem Scheine der Gestirne beleuchtet waren, und glich einem gewässerten himmelblauen Bande, das mit Demantflimmern bedeckt, und von schwarzen Streifen durchschnitten war. Jenseit des Wassers, auf einer weiten Wiesenfläche, lag das Mondlicht unbeweglich auf den Matten, wie ein weißes Tuch sich ausbreitend. Hier und da waren Birken in dem Gehölze zerstreut, welche, wie der Wind sie nun bewegte, bald von dem Boden nicht zu unterscheiden und in blassen Flor eingehüllt waren, bald aber auf dem Kreidegrunde sich hoben, wo sie in Dunkelheit gehüllt waren, schattigen Inseln gleich, die auf einem unbeweglichen Lichtmeere schwammen. Ueberall Schweigen und Ruhe; nur zuweilen das Geräusch fallender Blätter, oder ein plötzlich vorüber fahrender Windstoß, oder das seltene, oft unterbrochene, Geschrei der Nachteule; aber in der Ferne hörte man das feierliche Tosen des Niagara-Falles, das in der Stille der Nacht von Einöde zu Einöde fortgetragen ward und in den einsamen Wäldern verhallte.

Die Großheit, die wunderbare Wehmuth dieses Gemähldes, vermag menschliche Sprache nicht zu schildern; die schönsten Nächte in Europa können keine Ahnung davon erwecken. Mitten in unsern angebauten Gefilden will die Fantasie ver-

---

* Quercus phellos.

gebens in weite Räume schweifen; sie begegnet überall den Wohnungen der Menschen; aber in jenen öden Ländern mag die Seele sich gern in den Ocean ewiger Wälder hinab senken und verlieren, mag gern bei dem hellen Scheine der Sterne an den Ufern unermeßlicher Seen irren, über dem tosenden Abgrunde furchtbarer Wasserfälle schweben, mit der Wogengewalt hinab stürzen und gleichsam sich vermischen und verschmelzen mit einer wilden erhabenen Natur.

Diese Genüsse sind zu peinlich; denn unsere Schwäche ist so groß, daß erlesene Freuden Schmerzen werden, als ob die Natur gefürchtet hätte, wir möchten vergessen, daß wir Menschen sind. Ich war ganz verloren in das Gefühl meines Daseins, oder vielmehr mir selbst entäußert, ohne bestimmte Empfindung, ohne bestimmte Gedanken, aber erfüllt von einem unaussprechlichen Etwas, das dem geistigen Glücke glich, welches wir in einem andern Leben genießen sollen, da ward ich plötzlich in das irdische Leben zurück gerufen. Mir ward schlimm, und ich sah, daß ich endigen mußte. Ich kehrte zu unserer *Ajupa* zurück, wo ich mich neben den Wilden niederlegte und bald in tiefen Schlaf fiel.

Als ich des Morgens erwachte, sah ich, daß alles schon zum Aufbruche bereit war. Mein Wegweiser hatte die Pferde gesattelt, die Krieger waren bewaffnet, und die Weiber nahmen ihr Gepäck zusammen, das in Fellen, Mais und geräuchertem Bärenfleische bestand. Ich erhob mich, nahm aus meinem Felleisen ein wenig Pulver, einige Kugeln, Taback und eine hochrothe Büchse, und vertheilte diese Geschenke unter unsre Wirthe, die mit meiner Freigebigkeit sehr zufrieden zu sein schienen. Darauf schieden wir, nicht ohne Rührung und Bedauern, und berührten uns Stirn und Brust, nach der Weise jener Naturmenschen, die meines Bedünkens wohl so viel werth ist, als die Höflichkeiten unserer Umgangssitte. Wir trennten uns mit gegenseitiger Herzlichkeit, selbst der Jüngling nahm herzlich die Hand, welche ich ihm darbot. Unsre Freunde zogen gen Mitternacht, nach der Richtung des Mooses im Walde, ich aber zog gen Abend nach meinem Kompaß. Die Krieger gingen voran, das Marschgeschrei anstimmend, und ihnen folgten die Weiber mit dem Gepäcke und den Kindern, welche in Pelzen auf den Schultern der Mütter hingen, und sich lächelnd nach uns umsahen. Lange folgte ich mit meinen Blicken dem rührenden Zuge, dem Bilde mütterlicher Sorgfalt, bis der ganze Haufen langsam unter den Bäumen des Waldes verschwand.

Gutmüthige Wilde, die ihr mich gastfreundlich aufgenommen, die ich wohl nie wiedersehen werde, ich muß euch hier ein Wort des Dankes nachrufen. Möchtet ihr lange eure kostbare Unabhängigkeit genießen, in der schönen Einsamkeit, wohin meine wohlmeinenden Wünsche euch stets folgen. Unzertrennliche Freunde, in welcher Gegend eurer unermeßlichen Wildniß wohnt ihr jetzt? Seid ihr noch immer beisammen, noch immer glücklich? Sprecht ihr zuweilen von dem Fremdlinge im Walde? Denkt ihr euch den Ort, wo er wohnt? Heget ihr gute Wünsche für ihn am Ufer eurer einsamen Ströme? Gute Menschen, sein Loos hat sich seit jener Nacht, die er unter euch zubrachte, sehr geändert, aber es liegt ein Trost für ihn in dem Gedanken, daß, während ihn jenseit des Meeres die Menschen seiner Heimath verfolgen, sein Nahme am andern Ende der Welt, mitten in einer unbekannten Einöde, mit Rührung von armen Wilden ausgesprochen wird.

IV.
DER NIAGARA-FALL.

Dieser berühmte Wasserfall ist der schönste in der bekannten Welt. Er wird von dem *Niagara* gebildet, der aus dem See *Erie* strömt und sich in den *Ontario* ergießt. Der Fall ist ungefähr 9 Meilen von dem letzten See. Seine senkrechte Höhe beträgt gegen 200 Fuß. Er wird besonders dadurch so gewaltig, daß der Strom von dem See Erie bis zu dem Falle in einem Laufe von beinahe 6 Stunden auf einem stark geneigten Abhange rollt, so daß er in dem Augenblicke, wo er herab stürzt, nicht mehr ein Fluß, sondern ein ungestümes Meer ist, dessen hunderttausend Wogen sich zu der gähnenden Oeffnung eines tiefen Schlundes drängen. Der Wasserfall theilt sich in zwei Arme, und krümmt sich in einem Bogen von ungefähr einer halben Meile im Umfange. Zwischen den beiden Fällen springt ein ungeheurer, unten ausgehöhlter, Felsen vor, welcher mit allen seinen Tannen über dem Wogenchaos hängt. Die Wassermasse, welche sich auf der Mittagseite herab stürzt, wölbet und rundet sich, wie eine ungeheure Walze, in dem Augenblicke, wo sie über den Rand brauset, und rollet dann, einer Schneewand gleich, herab, in den Strahlen der Sonne mit allen Farben des Regenbogens prangend. Der Sturz auf der Mitternachtseite steigt, wie eine Wassersäule der Sündflut, in den furchtbaren Schattengrund hinab. Zahllose Regenbogen wölben und kreuzen sich über dem Abgrunde, dessen furchtbares Tosen auf 60 Meilen umher hörbar ist. Die Woge, welche den erschütterten Felsen peitscht, prallt in Schaumwirbeln ab, welche, über die Wälder sich erhebend, dem dicken Dampfe eines ungeheuren Brandes gleichen. Gewaltige Riesenfelsen, gespenstische Gestalten, zieren das erhabene Schauspiel. Wilde Nußbäume, mit röthlicher schuppigen Rinde, wachsen kümmerlich auf dem nackten Erdgerippe. Kein lebendes Thier sieht man in der Nähe, Adler ausgenommen, welche, Beute suchend, über dem Wasserfalle schweben, aber von dem Luftstrome ergriffen und in Wirbeln in den Abgrund hinab gezogen werden. Einige gefleckte *Karkajus*,* die sich mit ihren langen Schwänzen an niedrige Baumzweige hangen, suchen die Ueberreste ertrunkener Elenthiere und Bären zu erhaschen, die der Strudel an's Ufer wirft, und die Klapperschlange läßt überall ihr furchtbares Geräusch hören.

---

* Ohne Zweifel der Büffonsche *Kuguar*, oder der amerikanische Löwe, der Puma, Felis concolor, ein Raubthier, das von Canada bis Brasilien in dichten Wäldern wohnt; denn der Ursus Labradorius, der auch *Karkaju* genannt wird, scheint hier wohl nicht gemeint sein zu können. *D. Ueb.*

V.

DER FRANZOSE UNTER DEN WILDEN.

Philipp Le Cocq, aus einer kleinen Stadt in Poitou, kam als Kind nach Canada, wo er, 20 Jahre alt, als Soldat in dem Kriege von 1754 diente. Nach der Einnahme von Quebek ging er zu den Fünf-Nationen, heirathete eine Wilde und vertauschte die heimathliche Sitte ganz mit der Lebeweise der Eingebornen. Auf meiner Reise durch das Gebiet dieser Völker hörte ich mit Ueberraschung, daß ein Franzose in der Nähe im Walde wohne. Ich eilte zu ihm. Er saß vor seiner Hütte und spitzte Pfähle. Als er einen gleichgültigen Blick auf mich geworfen hatte, fuhr er fort zu arbeiten, aber kaum redete ich ihn französisch an, da ergriff ihn mächtig die Erinnerung an das Vaterland und eine große Thräne rollte aus seinem Auge. Diese wohl bekannten Töne hatten plötzlich alle Jugendgefühle in dem Herzen des Alten erweckt. In der Jugend sehnen wir uns wenig in die Kindheit zurück, aber je tiefer wir voran gehen in's Leben, desto lieber werden uns jene Erinnerungen, weil dann jeder Tag uns zu traurigen Vergleichungen reitzt. Philipp lud mich in seine Hütte. Ich folgte ihm. Es ward ihm schwer, sich auszudrücken und ich sah, wie er sich anstrengte, die alten Begriffe des gesellschaftlichen Menschen wieder zu sammeln. Wie begierig faßte ich diese Lehre auf! Ich bemerkte zum Beispiel, daß zwei Beziehungbegriffe gänzlich aus seiner Seele verwischt waren, der Begriff des Eigenthums an dem Ueberflüssigen und der Begriff der Beschädigung Anderer ohne Noth. Ich wollte meine große Frage ihm nicht eher vorlegen, bis er nach einer Unterhaltung von einigen Stunden wieder eine Menge von Wörtern und

Gedanken gesammelt hatte. Philipp, seid Ihr glücklich? hob ich endlich an. Er wußte anfangs nichts zu antworten. Glücklich, sprach er sinnend, glücklich, ja ... aber glücklich, seit ich ein Wilder bin – Und wie lebt Ihr? fuhr ich fort. Er fing an zu lachen. Ich merke, sprach ich, Ihr meint, das brauche keine Antwort. Aber möchtet Ihr denn nicht wieder zu Eurem alten Leben zurück gehen, in Euer Vaterland heim kehren? – Mein Vaterland? Frankreich? Ja, wenn ich nicht so alt wäre, möchte ich's wohl wiedersehen. – Und Ihr wolltet nicht da bleiben? fügte ich hinzu. Philipp machte eine Bewegung mit dem Kopfe, die mir genug sagte. Und was hat Euch denn bewogen, Euch, wie Ihr sagt, zu einem Wilden zu machen? – Das weiß ich nicht, der Instinkt. – Dieses Wort des Alten machte meinen Zweifeln und meinen Fragen ein Ende. Ich war zwei Tage bei Philipp, um ihn zu beobachten, und er blieb sich jeden Augenblick gleich. Seine Seele, frei von dem Kampfe der Leidenschaften, welche die gesellschaftlichen Verhältnisse erwecken, schien mir, in der Sprache der Wilden zu reden, ruhig wie das Schlachtfeld, wenn die Krieger das *Calumet* des Friedens mit einander geraucht haben.

VI.
Bemerkungen über Mackenzie's Reise im Innern von Nord-Amerika.

Vielleicht hat man in der Unbeständigkeit und Unbefriedlichkeit des menschlichen Herzens die Ursachen des Antheils zu suchen, womit man Reisebeschreibungen liest. Belästigt durch den Verkehr mit den Menschen, unter welchen wir leben, und gedrückt durch den Kummer, der uns verfolgt, mögen wir uns gern in Gedanken in ferne Erdgegenden und unter unbekannte Völker verirren. Sind die Menschen, die man uns schildert, glücklicher als wir, so gibt ihr Glück uns Erquickung, sind sie unglücklicher, so geben ihre Leiden uns einen Trost.

Aber der Antheil, den Reisebeschreibungen erwecken, nimmt immer mehr ab, so wie die Zahl der Reisenden wächst. Der Geist der Forschung hat die Wunder der Einöden aufgelöset. Wenn man die Franzosen, welche zuerst die Küsten von Canada untersuchten, von meerähnlichen Seen, von himmelhohen Wasserfällen, von unergründlichen Wäldern reden hört, so wird unser Geist lebhafter bewegt, als wenn ein englischer Kaufmann, oder ein Gelehrter unserer Tage, erzählt, daß er das stille Meer beschifft habe, oder daß der Niagarafall nur 144 Fuß hoch sei.

Was unser Geist an Kenntnissen gewinnt, geht dem Gefühle ab. Die geometrischen Wahrheiten haben gewisse Wahrheiten der Einbildkraft, welche für die Sitten wichtiger sind, als man glaubt, unterdrückt. Wer waren die ersten Reisenden in der schönen Zeit des Alterthums? Gesetzgeber, Dichter, Helden: Jakob, Lykurg, Pythagoras, Homer, Herkules, Alexander. Zu jener Zeit war alles Wunder, und doch Wirklichkeit, und voll

Hoffnung sagten jene großen Seelen: Unbekanntes Land, unermeßliches Land! Gränzen sind uns von Natur zuwider; ich möchte sagen, der Erdball sei zu klein für den Menschen, seit er denselben umschifft hat. Die Nacht ist nur darum günstiger als der Tag, Begeisterung und große Gedanken zu erwecken, weil sie alle Gränzen verhüllt, und das Ansehn von Unermeßlichkeit gibt. Die französischen und englischen Reisenden scheinen, wie die Krieger beider Völker, die Herrschaft über Land und Meer unter sich getheilt zu haben. England hat einem *Tavernier*, einem *Chardin*, einem *Parennin*, einem *Charlevoix* niemand entgegen zu stellen; es hat kein ähnliches Denkmahl wie die *erbaulichen Briefe*,* aber die Franzosen haben dagegen keinen *Anson*, keinen *Byron*, keinen *Cook*, keinen *Vancouver*. Die französischen Reisenden haben mehr für die Kunde der Sitten und Gebräuche der Völker gethan, die englischen sind den Fortschritten der allgemeinen Erdkunde nützlicher gewesen, und theilen mit den Spaniern und Portugisen den Ruhm, der Erde neue Meere und neue Vestlande hinzu gefügt, und die Gränzen derselben bestimmt zu haben.

Die Wunderfahrten der Schiffer zeigen uns den menschlichen Geist vielleicht auf seiner höchsten Stufe. Man schaudert und bewundert, wenn man sieht, wie Colombo sich in den Einöden eines unbekannten Meeres verliert, wie Vasco de Gama das Vorgebirge der Stürme** umschifft, wie

---

* Die lettres édifiantes et curieuses – welche in den Jahren 1717 bis 1774 erschienen und aus 32 Bänden bestehen, enthalten die Berichte französischer Heidenbekehrer in Afrika, Asien und Amerika. Doch sind diese Briefe nicht immer glaubwürdige Quellen und mit Vorsicht zu brauchen. *D. Ueb.*

** So nannte Bartholomäus Diaz das Vorgebirge der guten Hoffnung, als er, von Stürmen getrieben, es zuerst erreichte, sein König aber, voll glücklicher Hoffnung, gab demselben diesen Nahmen. *D. Ueb.*

Magelhaens aus einem unermeßlichen Meere fährt, um ein
unermeßlicheres zu befahren, wie Cook, von einem Pole zum
andern fliegend, sich überall von den Grenzgestaden des
Oceans umgeben sieht und keine Meere mehr für seine Schiffe
findet.

Welches schöne Schauspiel bietet dieser berühmte Seefahrer dar, wenn er neue Länder sucht, nicht um die Bewohner
derselben zu unterdrücken, sondern um ihnen Beistand und
Unterricht zu bringen, wenn er arme Wilde mit den Bedürf-
nissen des Lebens versieht, wenn er den einfachen Naturkin-
dern auf ihren reizenden Küsten Eintracht und Freundschaft
schwört, wenn er unter dem Eise des Poles die Erzeugnisse
milderer Erdgegenden aussäet und so die Vorsehung nach-
ahmt, welche Schiffbrüche und die Bedürfnisse der Menschen
voraussieht.

Da Cook durch den Tod mitten in dem Laufe seiner wichtigen Entdeckungen hinweg genommen ward, so erhielt *Vancouver* von der englischen Regierung den Auftrag, die ganze
amerikanische Küste von Californien bis zum Cook-Flusse zu
untersuchen, und die Zweifel zu heben, welche in Hinsicht
auf die nordöstliche Durchfahrt noch obwalten könnten. Während dieser Reisende seinen Auftrag mit so viel Einsicht als Muth vollzog, drang ein anderer Engländer aus
Ober-Canada zu Lande durch Einöden und Wälder bis zum
Eismeer und stillen Ocean vor. *Mackenzie*, über dessen
Bemühungen ich hier ein Wort reden will, macht weder auf
den Ruhm eines Gelehrten, noch eines Schriftstellers Anspruch. Er gibt seine Reise* bescheiden nur als das Tagebuch

---

* Voyages from Montreal on the river St. Lawrence through the Conti-
nent of North-America to the frozen and pacific Oceans in the years
1789 and 1793 – By Alex. Mackenzie. London 1801. 4. Teutsch:
Hamburg 1802. 8.

eines Kaufmanns, der unter den Wilden Pelzhandel treibt. Zuweilen unterbricht er seinen Bericht, um uns irgend eine
Naturscene, oder die Sitten der Wilden zu schildern, aber er
versteht nicht immer die Kunst, die kleinen Umstände heraus
zu heben, die in den Berichten unserer Heidenbekehrer so anziehend sind. Kaum kennt man die Gefährten seiner Beschwerden; kurz, der Leser ist nicht mit dem Reisenden in
dem Rinden-Kanot, und theilet nicht mit ihm Furcht, Hoffnung und Gefahren. Ein größerer Fehler noch ist der Mangel
leichter und klarer Uebersicht. Mackenzie sagt dem Leser
nichts von dem Fort Chipiuyan, wovon er ausgeht. Und wie
weit waren die bisherigen Entdeckungen gekommen, als er die
seinigen begann? Wenn der Ort, wo er am Eismeere seiner
Reise ein Ziel setzen mußte, eine Bai war, oder, wie man zu
vermuthen geneigt ist, bloß ein Austritt des Flusses, wie kann
der Reisende mit Gewißheit bestimmen, daß der große westliche Fluß, den er Takutsche Tesse nennt, der Columbia-Strom
sei, da er nicht bis zur Mündung gekommen ist? Wie kann der
Theil des Stromlaufes, den er nicht gesehn hat, doch auf der
Karte angegeben werden? Dieser Mängel ungeachtet, ist
Mackenzie's Tagebuch sehr schätzbar, aber es bedarf einer Erläuterung, um die Wildnisse, die der Reisende durchwandert,
dem Leser lebendiger vor die Augen zu bringen, um die
Trockenheit und Magerkeit seiner Erzählungen ein wenig
zu beleben und manche, die Erdkunde betreffende, Punkte
aufzuklären. Ich will versuchen, dem Leser diesen Dienst zu
leisten.

Spanien, England und Frankreich verdanken ihre Besitzun-
gen in Amerika drei Italienern, Colombo, Cabot und Verazani. Italiens Geist, unter Ruinen begraben, wie die Riesen
unter den Bergen, so sie aufgehäuft, scheint zuweilen zu erwachen, um die Welt in Erstaunen zu setzen. Um das Jahr
1523 gab Franz I. dem Johann Verazani den Befehl, auf die

Entdeckung neuer Länder auszugehn. Dieser Seefahrer untersuchte mehr als 300 Meilen von der nordamerikanischen Küste, stiftete aber keine Ansiedlung.

Jakob Cartier, sein Nachfolger, besuchte das ganze Land, welches die Wilden *Kannata*, d. i. Hüttenhaufen,* nannten. Er schiffte in dem größten Flusse hinauf, den er Lorenzfluß nannte, und kam bis zur Insel Montreal, die damahl *Hochelaga* hieß. Roberval ward 1540 Vizekönig von Canada. Er brachte mit seinem Bruder mehre Familien dahin, aber als er in demselben Jahre Schiffbruch litt, gingen zugleich alle Hoffnungen verloren, in Amerika eine Niederlassung zu gründen, da niemand glaubte, geschickter und glücklicher zu sein, als diese muthvollen Männer.

Die Unruhen, welche bald nachher in Frankreich ausbrachen und 50 Jahre dauerten, hinderten die Regierung, ihre Blicke nach außen zu richten. Als aber Heinrichs IV. hoher Geist die bürgerliche Zwietracht unterdrückt hatte, dachte man von neuem eifrig an die Ausführung des Entwurfs, eine Niederlassung in Canada zu stiften. Der Marquis de la Roche schiffte sich 1598 ein, um sein Glück zu versuchen, seine Unternehmung hatte aber einen traurigen Ausgang. Chauvin war nicht glücklicher; endlich aber übernahm es de Catte, um das Jahr 1603, den Entwurf auszuführen, und übertrug die Leitung dieser Angelegenheit Samuel de Champelain, dessen Nahme an den Gründer von Quebek, den Stifter der französischen Ansiedelungen in Nord-Amerika, erinnert.

Seitdem erhielten die Jesuiten den Auftrag, die Entdeckungen in den Wäldern von Canada fortzusetzen. Es begannen

---

* Die Spanier hatten sicherlich vor Cartier und Verazani Canada entdeckt. Einige Schriftsteller behaupten, der Nahme Canada komme von den beiden spanischen Wörtern Aca nada (Hier nichts.)

nun die berühmten Bekehranstalten, welche Frankreichs Herrschaft von den Ufern des atlantischen Meeres und dem Eise der Hudson-Bai, bis zu den Küsten des Meerbusens von Mexico ausdehnten. Die Jesuiten *Bion* und *Enemond-Masse* durchwanderten ganz *Acadien*;* Pater *Joseph* drang bis zum See Nipissing (Nipisirinis) im nördlichen Canada vor, *Brebœuf* und *Daniel* besuchten die prächtigen Huronen-Steppen zwischen dem Huronen-See, und den Seen Michighan und Erie. *Lamberville* entdeckte den Ontario-See und das Gebiet der Irokösen. Andere Lehrer des Evangeliums kamen von allen Seiten und verbreiteten sich in den Wildnissen.

Die Entdeckung des Ohio und des Meschasebe,** westlich von dem obern See, und dem Waldsee in Nordwest; die Entdeckung des Flusses Bourbon und der innern Küste der Jakobs-Bai, waren der Erfolg dieser Wanderungen der Lehrer des Glaubens. Sie hatten sogar schon Kunde von den *steinigen Bergen,*** welche Mackenzie überstieg, um die Ufer des stillen Meeres zu erreichen, so wie von dem großen westlichen Flusse, dem Columbia-Strom. Man braucht nur einen Blick auf die alten Karten der Jesuiten zu werfen, um sich zu überzeugen, daß ich die Wahrheit sage.

Alle diese großen Entdeckungen im Innern von Nord-Amerika waren also gemacht, oder angedeutet, als Canada unter die Herrschaft der Engländer kam. Sie gaben den Bergen, Seen, Strömen und Flüssen neue Nahmen, oder entstellten die alten französischen Nahmen, und brachten dadurch nur Verwirrung in die Erdkunde, ja es ist nicht einmahl ausgemacht, ob die von ihnen gegebenen Bestimmungen der Längen und Breiten gewisser Oerter genauer seien, als die von den Jesuiten

---

* Jetzt Neu-Schottland.
** Mississipi.
*** Sie nennen sie die *Berge der glänzenden Steine.*

herrührenden Angaben.* Um sich eine richtige Vorstellung von dem Punkte, wovon Mackenzie ausging und von seinem Wege zu machen, möchte Folgendes zu bemerken sein.

Die französischen Missionarien setzten ihre Entdekkungen bis zum See *Winipik* oder *Winipigon*** gegen Abend, und bis zum See *Assiniboisc* oder *Christinaux* nördlich fort.

Die englisch-canadische Gesellschaft für den Pelzhandel, hat eine Faktorei in dem Fort Chipiuyan,*** an dem *Bergsee*,+ der durch einen Fluß mit dem *Sklavensee* verbunden ist, angelegt.

Aus dem Sklavensee kommt ein Fluß, der nördlich fließt und *Mackenzie's* Nahmen erhalten hat. Dieser Fluß fällt, unter 69° N.Br. und 135° westlicher Länge von Greenwich, ins Meer. Die Entdeckung dieses Flusses und die Beschiffung desselben bis zum nördlichen Polar-Meere ist der Gegenstand von Mackenzie's erster Reise. Er reiste am 3. des Junius 1789 aus dem Fort Chipiuyan ab und kam am 12. des Septembers dahin zurück.

Am 10. des Octobers 1792 verließ er zum zweiten Mahle Chipiuyan, um eine neue Reise zu machen. Er nahm seinen Weg nach Abend, fuhr über den Bergsee und den Fluß Unjigan oder *Friede-Fluß* hinauf. Dieser Fluß entspringt in den *steinigen Bergen*. Ein großer Strom, der auf der andern Seite dieser Gebirge seinen Ursprung hat, fließt westlich und

---

* Vergleicht man Arrowsmith's Karte der vereinigten Staaten mit Imley's neusten Karten, so findet man die auffallendsten Abweichungen, besonders in den Gegenden zwischen den Seen von Canada und dem Ohio. Die Karten der Missionarien aber stimmen mit den Imley'schen sehr überein.

** Er liegt nach den französischen Karten unter 50°, nach den englischen unter 53° der Breite, 278° östlicher Länge.

*** Unter 58° 40′ N.Br.

+ Athapeskow-See. *Der Ueb.*

ergießt sich ins stille Meer. Er heißt *Takutsche Tesse* oder *Columbia.*

Die Kunde von der Verbindung des Friedeflusses mit dem Columbia-Strom, die Schiffbarkeit des letzten, wenigstens bis zu der Stelle, wo Mackenzie sein Kanot verließ, um zu Lande das stille Meer zu erreichen; diese Entdeckungen sind der Erfolg der zweiten Unternehmung des Reisenden. Nach einer Abwesenheit von 11 Monaten kam er nach Chipiuyan zurück.

Da der Friedefluß, der auf den Felsenbergen entspringt, sich in einen Arm des Athapeskow-Sees ergießt, da dieser See mit dem Sklavensee durch den Sklavenfluß in Verbindung steht, und der Sklavensee durch den Fluß Mackenzie sein Wasser in das nördliche Polar-Meer ausströmt; so ergiebt sich, daß der Friedefluß, der Sklavenfluß und der Mackenzie-Strom in der That nur ein und derselbe Strom sind, der aus den Felsenbergen kommt, und nördlich ins Polar-Meer sich ergießt.

Wir folgen dem Reisenden auf seiner Fahrt auf dem Mackenzie-Strom bis zu jenem Meere. Er fuhr über den Bergsee, kam in den Sklavenfluß, der zu dem gleichnahmigen See führt, und indem er seinen Weg an dem nördlichen Ufer dieses Sees fortsetzte, entdeckte er den Mackenzie-Strom. Von dem See bis dahin war das Land auf der Nordseite niedrig und beholzt, die Südseite aber höher und auch mit Wald bedeckt. Man sah hier viele umgestürzte, vom Feuer geschwärzte, Bäume, und mitten unter denselben erhoben sich junge Pappeln, die seit dem Brande aufgewachsen waren. Es ist merkwürdig, daß nach dem Brande eines Tannen- und Birkenwaldes Pappeln hier wachsen, obgleich auf der selbigen Stelle vorher kein Baum dieser Gattung zu sehen gewesen ist. Die Naturforscher mögen die Richtigkeit dieser Bemerkung des Reisenden bestreiten können; denn in Europa pflegt man alles, was unsere Lehrgebäude erschüttert, als Unwissenheit oder

Träume der Einbildekraft zu verdammen; aber was die Gelehrten nicht läugnen können und die Kunst nicht zu schildern vermag, ist die Schönheit des Laufs der Ströme in der neuen Welt. Man denke sich einen ungeheuren Strom, der mitten durch dichte Wälder fließt, man denke sich alle die Nebenlichter, welche aus den Bäumen fallen, die längs dem Ufer hinlaufen; hier erblickt man Weidenreihen, von Alter niedergestürzt, welche ihre grauen Wipfel in den Fluten baden, dort spiegeln sich in den Wellen Platanen mit schwarzen Eichhörnchen und weißen Hermelinen, die an ihren Stämmen hinauf klettern, oder in ihren Lianen* spielen; hier stehen canadische Feigenbäume in Gruppen, dort erheben sich virginische Pappeln einsam, oder laufen, vom Winde bewegt, in langen Reihen hin. Bald mischt sich ein Strom, der aus der Tiefe einer Wildniß hervor bricht, auf dem Kreuzwege in einem herrlichen Hochwalde prachtvoll mit den Wellen des Flusses, bald bedeckt ein tosender Wasserfall die Seiten der Berge mit seinem blauen Schleier. Hier weichen die Ufer, dort krümmen sie sich anmuthig; bald wird das Strombett breiter, bald enger; hier hangen Felsen über, dort schattet das junge Laub der Bäume, deren Wipfel der Ebene gleicht, welche sie nährt. Ueberall ein geheimnißvolles Murmeln. Es gibt Frösche, die wie Stiere brüllen,** andre, die in den Stämmen alter Weiden leben,*** und deren wiederhohltes Geschrei bald einer Schafglocke, bald dem Hundegebell gleicht. Der Wanderer, angenehm getäuscht in diesen Wildnissen, glaubt sich der Hütte eines Landbauers zu nähern, die Stimmen und den Gang einer Heerde zu hören. Und nun erheben sich plötzlich in den dichten Wäldern die gewaltigen Töne der Winde, wie

---

* Schlingpflanzen. *Der Ueb.*
** Bullfrog, Plana ocellata.
*** Treefrog.

ein allgemeiner Hamadryadengesang; aber bald werden diese Stimmen schwächer und sterben nach und nach in den Wipfeln zahlloser Cedern und Schilfrohre, und der Wanderer vermag selbst in dem Augenblicke, wo die Töne verhallen, nicht zu sagen, ob sie noch in den Lüften wehen, oder nur in seiner Einbildung fortdauern.

Als Mackenzie den Strom hinab reisete, stieß er bald auf Wilde von dem Stamme der *Sklaven-Indianer*. Sie sagten ihm, er werde weiter unten am Ufer des Stromes andre Wilde, *Hasen-Indianer* genannt, finden, und weiter nach dem Meere hin die Eskimoer. Während der kurzen Zeit, wo er unter diesem Stamme verweilte, suchten ihn die Wilden durch Tänze nach dem Tone ihrer Stimme zu ergetzen. Sie sprangen und machten allerlei Stellungen. Die Weiber ließen ihre Arme hangen, als ob sie nicht die Kraft gehabt hätten, sie zu bewegen.

Die Gesänge und Tänze der Wilden haben immer etwas Schwermüthiges, oder Wollüstiges. Einige blasen die Flöte – sagt der Jesuit *du Tertre* – andre singen und bringen Töne hervor, die nach ihrem Geschmacke sehr lieblich sind. Nach *Lucrez* suchte man das Vogelgezwitscher mit der Stimme nachzuahmen, lange vorher, ehe lieblicher Gesang die Ohren der Menschen entzückte.*

Zuweilen sieht man eine arme Wilde, ganz gekrümmt von Arbeit und Müdigkeit, und einen Jäger, der nur Frohsinn athmet. Aber kaum vereinen sie sich im Tanze, so überrascht uns der auffallendste Gegensatz. Jene erhebt sich und wiegt sich mit unerwarteter Geschmeidigkeit, während dieser nur traurige Gesänge hören läßt. Das junge Weib scheint die anmuthigen Wellenbewegungen der Birken in der Wildniß, der Jüng-

---

* At liquidas avium voces imitarier ore
Ante fuit multo, quam laevia carmina cantu
Concelebrare homines possent, auresque juvare.

ling aber die klagenden Töne, die in den Baumwipfeln wehen, nachahmen zu wollen.

Werden die Tänze am Ufer eines Stromes in dichten Wäldern aufgeführt, wiederhohlt ein unbekannter Wiederhall zum ersten Mahle die Seufzer einer menschlichen Stimme, und blickt der Bär von der Höhe seines Felsens herab auf diese Spiele der Wilden, so kann man sich nicht erwehren, selbst in diesem rohen Gemählde etwas Großes zu finden, und wehmüthig das Schicksal dieses Natursohnes zu betrachten, der ungekannt von der Welt geboren wird, einen Augenblick in den Thälern tanzt, die er nie wiedersehen soll, und bald sein Grab unter dem Moose dieser Einöden findet, wo nicht einmahl eine Spur seiner Tritte zurück bleiben wird.

Der Reisende fuhr am Fuße unfruchtbarer Berge hin, ging ans Ufer und erklimmte die steilen Felsen mit einem seiner indianischen Jäger.

Vier Bergketten bilden die vier großen Abtheilungen des nördlichen Amerika. Die erste geht von Mexico aus, und ist bloß ein Arm der *Andes*-Kette, welcher die Landenge von Panama durchschneidet, längs dem Südmeere von Mittag nach Mitternacht streicht, und bis zum Cook-Flusse hin sich verflächt. Mackenzie hat einen Theil dieses Bergzuges, unter dem Nahmen der Felsenberge, zwischen den Quellen des Friedeflusses und des Columbia, überstiegen, als er sich an das Gestade des stillen Meeres begab. Die zweite Kette fängt bei den Apalachen an, auf dem östlichen Ufer des Meschasebe, streicht unter verschiedenen Nahmen, als *Allegany-Gebirge, blaue Berge, Lorberberge*, nach Nordost, und läuft hinter den beiden Floridas, Virginien und Neu-England durch das Innere von Acadien bis zu dem Meerbusen Sankt Lorenz. Sie scheidet die Flüsse, welche in das atlantische Meer fallen, von den Gewässern, die den Meschasebe, den Ohio und die Seen von Nieder-Canada anschwellen.

Wahrscheinlich begränzte diese Kette vor Zeiten das atlantische Meer und bildete das Ufer desselben, so wie die erste Kette noch jetzt den indischen Ocean begränzt. Das alte Vestland von Amerika fing vermuthlich erst hinter dieser Bergkette an; wenigstens scheinen die drei verschiedenen Flächen des Bodens, die von den Ebenen Pensylvaniens bis zu den Grasplätzen von Ost- und West-Florida so regelmäßig hinlaufen, anzudeuten, daß das Meer dieses Gebiet zu verschiedenen Zeiten bedeckt und wieder verlassen habe.

Der Küste des Lorenz-Busens gegenüber, wo die zweite Gebirgkette sich endigt, erhebt sich auf der Küste von Labrador die dritte Kette, welche fast eben so lang, als die beiden ersten, ist. Sie streicht anfangs nach Süd-West, bis zum *Outauas*, und enthält die Quellen der Flüsse, die sich in die Hudson-Bai ergießen, so wie derjenigen Ströme, welche in den Lorenz-Busen fallen. Von hier streicht sie nach Nordwest, längs dem nördlichen Ufer des oberen See's, bis zum *Annen-See*, wo sie nach Südwest und Nordwest gabelförmig sich theilt.

Der südliche Arm läuft südlich vom großen Winnipik-See zwischen den Morästen, welche den Albany-Fluß nähren, und den Quellen des Meschasebe. Der nördliche Arm streicht am Ufer des *Schwanensee's* hin unweit der Factorei *Osnabrück*, durch den Fluß Severn, bis zu dem Flusse Port-Nelson und läuft dann nördlich vom Winnipik-See, bis sie endlich mit der vierten Bergkette zusammen stößt.

Diese Kette, die kürzeste von allen, erhebt sich an dem Ufer des Flusses *Saskatschiwin*, streicht nordöstlich zwischen dem *Elenn-Fluß* und dem *Churchill-Fluß*, läuft nördlich bis zum 57 Grade der Breite und spaltet sich in zwei Aeste, von welchen der eine, nördlich streichend, die Küste des Eismeeres erreicht, während der andre, nach Abend sich ziehend, bis zu dem Mackenzie-Fluß läuft. Der ewige Schnee, womit diese Berge bedeckt sind, nähret die Flüsse, welche nördlich nach der Hudson-Bai, und auf der andern Seite nach dem Eismeere strömen.

Mackenzie wollte mit seinem Jäger einen von den Gipfeln dieser Bergkette ersteigen. Wer nur die Alpen oder die Pyrenäen gesehen hat, kann sich kein Bild von diesen nördlichen Einöden, von diesen wüsten Gegenden machen, wo, wie nach der Sündflut, nur selten Thiere auf unbekannten Höhen irren. Wolken, oder vielmehr feuchte Nebel, dampfen unaufhörlich um die Gipfel dieser öden Berge. Einige Felsen, von ewigen Regengüssen gewaschen, strecken ihre schwarzen Wände aus diesen weißlichen Dünsten hervor, durch Gestalt und Unbeweglichkeit Gespenstern gleich, die bei gräßlicher Stille sich anschauen.

In den Schluchten dieser Berge ziehen sich tiefe Granit-Thäler hinab, wo einige Gießbäche unter dem Moose fließen. Verkrüppelte Fichten, von der Gattung, welche die Engländer *Spruce*-Fichte* nennen, und kleine Teiche von Brack-Wasser, bringen keine Mannigfaltigkeit in das todte Gemählde, sondern machen es nur noch einförmiger und trauriger. Ueberall hört man keinen Ton, als das seltene Geschrei des Eisvogels. Aber schöne Schwäne, die auf diesen öden Gewässern schwimmen, und Himbeerbüsche, die unter überhangenden Felsen wachsen, sind auch hier, um den Wanderer zu trösten und ihn an die Vorsehung zu erinnern, die selbst in diesen gräßlichen Gegenden Anmuth und Wohlgeruch verbreitet. Der furchtbarste Anblick aber erwartet ihn am Ufer des Meeres. Auf der einen Seite breiten unermeßliche Eisfelder sich aus, an welchen das bleiche Meer sich bricht, wo noch nie ein Segel erschien, auf der andern erhebt sich ein Gelände, von unfruchtbaren Hügeln begränzt. Längs den Sandgestaden

---

* Pinus Canadensis. Die jungen Triebe derselben werden zu einem kräftigen Biere gebraucht, das man *Spruce*-Bier nennt.   *D. Ueb.*

sieht man nur öde Baien und stürmische Vorgebirge. Am Abend sucht der Wanderer Zuflucht in einer Felsenhöhle, woraus er den See-Adler verjagt, der mit lautem Geschrei entfliegt. Während der Nacht hört er mit Entsetzen das Geheul der Winde, welches der Wiederhall in seiner Höhle vervielfältigt, und das Krachen der Eisschollen, die sich am Ufer spalten. *Mackenzie* kam am 12. des Julius auf der Küste des Polar-Meeres an, oder vielmehr in einer Eisbai, wo er Walfische sah, und Ebbe und Flut merklich war. Er landete auf einer Insel, die nach seinen Beobachtungen unter 69° 14′ nördl. Breite lag. Dieß war das Ziel seiner ersten Reise. Die Eisschollen, der Mangel an Lebemitteln und die Muthlosigkeit seiner Begleiter, hinderten ihn, bis an die Küsten des Meeres zu gehen, wovon er wahrscheinlich nicht weit mehr entfernt war. Schon lange war ihm die Sonne nicht mehr untergegangen, blaß und groß wandelte sie traurig am eisigen Himmel.

Als Mackenzie die Bai verließ, um wieder den Strom hinauf zu fahren und nach Chipiuyan zurück zu kehren, kam er an vier indianischen Ansiedlungen vorbei, die vor kurzem bewohnt gewesen zu sein schienen. Er fand eine kleine runde Insel, die er für einen, den Wilden heiligen, Ort hielt, weil er auf der höchsten Stelle viele Gräber fand. Er sah hier ein kleines Kanot, hölzerne Näpfe, Kübel, und andere Geräthschaften, die denjenigen gehört hatten, welche dieselben nicht mehr brauchen konnten. Dieß sind die Opfer, die man in jenen Gegenden gewöhnlich den Todten weihet. Mackenzie spricht oft von der Religion der Wilden und von ihrer Verehrung der Gräber. Ein armer Wilder segnet Gott an dem Eise des Nordpols und schöpft aus seinem Unglücke die Hoffnung eines bessern Lebens, während der gesittete Mensch seine Seele und seinen Schöpfer, unter einem milden Himmel, und mitten unter allen Geschenken der Vorsehung, verläugnet.

An der Quelle des Stromes, dessen Laufe unser Reisender folgt, sahen wir die Bewohner dieser Gegenden tanzen, und finden nun ihre Gräber am Ufer des Meeres, an der Mündung eben dieses Flusses. Ein auffallendes Bild von dem Laufe unseres Lebens, von den Freudenquellen, worein unsre Jugend sich taucht, bis zu dem Ocean der Ewigkeit, der uns verschlingt. Die Begräbnißplätze der Wilden, welche man in den amerikanischen Wäldern findet, sind lichte Stellen, oder kleine entholzte Gehäge. Der Boden ist hier ganz bedeckt mit kegelförmigen Hügeln, und Gerippe von Büffeln und Elennthieren, die im Grase vergraben liegen, sind hier und da mit Menschengerippen vermischt. Zuweilen sah ich auf solchen Plätzen einen einsamen Pelikan, auf gebleichten, halb mit Moose bedeckten Gebeinen sitzend, der mich durch sein Schweigen und seine sinnende Stellung an einen alten Wilden erinnerte, welcher über den Trümmern weinte und in Gedanken versunken war. Die wandernden Pelzhändler benutzen diesen, von dem Tode halb urbar gemachten Boden, um im Vorübergehen verschiedene Fruchtkörner hier auszustreuen. Der Reisende erblickt daher oft plötzlich solche Pflanzungen europäischer Gewächse, in ihrer fremdartigen Gestalt und in ihrer ganzen heimathlichen Eigenheit, mitten unter den einheimischen wilden Pflanzen dieser fernen Erdgegenden. Oft auch wandern sie von den Hügeln aus und ziehen sich durch die Wälder, wie die Gewohnheiten und Neigungen sie treiben, welche sie aus dem Mutterlande mitgebracht haben.

Drei Jahre nach seiner ersten Reise brach Mackenzie zum zweiten Mahle von Chipiuyan auf, und fuhr über den Bergsee in den Friedefluß. Er beschiffte denselben zwanzig Tage lang, und kam, am 1. des Novembers 1792, in eine Gegend, wo er ein Haus zu bauen und den Winter zuzubringen beschloß. Er benutzte die Eiszeit, mit den Indianern Handel zu treiben und Nachrichten für die Fortsetzung seiner Reise einzusammeln.

Am 20. des Aprils war der Fluß noch mit Eis bedeckt. Auf dem jenseitigen Ufer sah man anmuthige Ebenen. Die Bäume hatten schon Knospen und mehre Pflanzen trieben Blüten. Was man in Nord-Amerika das *große Thauwetter* nennt, ist für einen Europäer ein eben so prachtvolles, als seltenes Schauspiel. Die Wolken, welche bis dahin schnell aus Nordwest zogen, verweilen in den ersten funfzehn Tagen des Aprils nach und nach am Himmel und bewegen sich eine Zeitlang hin und her. Der Landbauer verläßt seine Hütte und untersucht seine Felder. *Der Südostwind weht!* heißt es überall. Ein lauer Wind umspielt uns, und langsam ziehen die Wolken nach Mitternacht. Alles ist verändert in den Wäldern und in den Thälern. Die bemoosten Ecken der Felsen treten zuerst hervor auf dem einförmigen Weiß des Eises, darauf erscheinen die röthlichen Tannen und auf einigen frühen Gesträuchen zeigen sich Blumengehänge, statt der Eiskristallen, die vorher an ihren Spitzen hingen. Die Natur hebt bei der Annäherung der Sonne allmählig ihren Schneeschleier. Die amerikanischen Dichter werden sie einst mit einer jungen Braut vergleichen, welche schüchtern, gleichsam ungern, das jungfräuliche Gewand öffnet, und dem Gatten ihre Reize halb enthüllend, sie doch noch zu verbergen sucht.

Zu jener Zeit kommen die Wilden, deren Einöden Mackenzie besuchte, fröhlich aus ihren Höhlen. Wie die Vögel ihrer Gegend, treibt der Winter sie enge zusammen, und der Frühling zerstreut sie wieder; jedes Paar kehrt zurück in seinen einsamen Wald, um sich ein neues Nest zu bauen und von neuem fröhlich der Liebe zu leben. In diesem Augenblicke, wo in den amerikanischen Wäldern alles in Bewegung ist, brach unser Wanderer auf. Am 9. des Mai's 1793 schiffte er sich in einem Rinden-Kanot mit sechs Canadiern und zwei wilden Jägern ein. Hätte er von den Ufern des Friedeflusses sehen können, was in jenen Tagen unter einem großen gesitteten Volke in

Europa vorging, so würde er die Hütte eines Eskimoers dem Palaste der Könige und die Einsamkeit dem Umgange der Menschen vorgezogen haben.

Alle seine Begleiter, einen einzigen ausgenommen, waren von französischer Abkunft. Die Franzosen gewöhnen sich leicht an das Leben der Wilden, und sind sehr beliebt bei den Indianern. Als Canada im Jahre 1729 in die Gewalt der Engländer fiel, merkten die Eingebornen bald, daß sie andre Gäste hatten. Die Engländer, sagt *Charlevoix*, wußten in der kurzen Zeit, wo sie Herren des Landes waren, die Zuneigung der Wilden nicht zu gewinnen. Die Huronen kamen nicht mehr nach Quebeck, und die nähern Nachbarn, von welchen mehre, wegen besonderer Zwiste, sich bei der Annäherung der englischen Schiffe offen gegen uns erklärt hatten, zeigten sich nur ziemlich selten in der Stadt. Alle waren ein wenig bestürzt, als sie sich gegen die neuen Ankömmlinge die selbigen Freiheiten erlauben wollten, welche die Franzosen ihnen ohne Schwierigkeiten gestattet hatten, und bemerkten, daß jenen dieß nicht gefiel. Es wurde einige Zeit nachher noch schlimmer, als sie mit Stockschlägen aus den Häusern gejagt wurden, wo sie bis dahin eben so freien Zutritt gehabt hatten, als in ihrer Heimath. Sie zogen sich daher zurück, und nichts hat späterhin mehr beigetragen, sie für unsere Sache zu gewinnen, als die Verschiedenheit in dem Betragen und der Gemüthart der beiden Völker, die sich in ihrer Nachbarschaft angesiedelt hatten. Die Bekehrer, welche von dem Eindrucke, den dieß auf die Wilden gemacht hatte, bald Kunde erhielten, wußten davon guten Vortheil zu ziehen, um sie für den Glauben zu gewinnen und sie den Franzosen geneigt zu machen. Die Franzosen geben sich nicht damit ab, Gesittung unter den Wilden zu verbreiten, das kostet zu viel Mühe; lieber werden sie selber Wilde. Es gibt keine geschicktern Jäger in den Wäldern, keine unerschrockenern Krieger. Man hat gesehen, wie sie die

Qualen des Scheiterhaufens mit einer Standhaftigkeit ertragen haben, die sogar die Irokösen in Erstaunen setzte, und zuweilen sind sie so grausam geworden, als ihre Henker. Vielleicht weil die Endpunkte des Kreises sich berühren, und der höchste Grad der Gesittung, wie die vollkommenste Kunst, der Natur nahe ist? Oder ist es vielmehr eine Art von allgemeiner Anstelligkeit, oder sittlicher Fügsamkeit, was den Franzosen geschickt macht, unter jedem Himmelstriche zu leben, und in jede Lebeweise sich zu finden? Sei dem, wie ihm wolle, der Franzose und der Wilde haben gleiche Tapferkeit, die selbige Gleichgültigkeit gegen das Leben, die selbige Sorglosigkeit gegen die nächste Zukunft, gleichen Widerwillen gegen die Arbeit; sie werden mit gleicher Leichtigkeit des Besitzes überdrüßig, sie zeigen gleiche Beständigkeit in der Freundschaft, gleichen Leichtsinn in der Liebe, gleiche Neigung zu Tanz und Krieg, zu den Beschwerden der Jagd und zu den Freuden des Festes. Diese Aehnlichkeiten der Gemüthart zwischen dem Franzosen und dem Wilden, sind der Grund der gegenseitigen Zuneigung und machen aus dem Bewohner von Paris so leicht einen canadischen *Waldläufer.* *

Mackenzie fuhr mit seinen Franzosen-Wilden den Friedefluß wieder hinauf. Das westliche Ufer bot ihm eine der schönsten Landschaften dar. Das Gelände stieg in Absätzen

---

* Coureur des bois, nennt man die verwilderten Ansiedler von europäischer Abkunft. Mehre Reisende, auch Mackenzie, erzählen von der Leichtigkeit, womit diese Ansiedler sich an die Sitten der Wilden gewöhnen. Man findet viele weiße Männer unter den Stämmen der Eingeborenen, welche freiwillig jene Lebeweise ergriffen haben. Mackenzie erzählt, daß manche, die einen oder zwei Sommer hindurch die Wilden begleitet hätten, einen solchen Hang zu der Lebeweise der Wilden bekommen, daß sie allen Geschmack an ihren frühern Sitten und Gewohnheiten verlieren. Sie verbinden alle Fehler der gesitteten und der wilden Völker. *D. Ueb.*

zu einer ansehnlichen Höhe hinan und breitete sich sehr weit aus. Auf jedem Absatze sieht man sanft geneigte Räume, welche von steilen Felsen durchschnitten sind, die sich bis zu dem letzten Gipfel erheben, wenigstens so weit als das Auge sie unterscheiden kann. Diese prächtige Landschaft ist mit Bäumen aller Art geschmückt, und mit allen Thieren bevölkert, welche das Land nähren kann.

Solche amphitheatralische Landschaften sind ziemlich gewöhnlich in Amerika. In der Gegend von *Apalachucla* in Florida, erhebt sich das Gelände, vom Flusse *Chatalesche* aus, stufenweise und steigt am Rande des Himmels in die Wolken; aber es ist kein gewöhnlicher Abhang, wie in einem Thale, sondern es sind regelmäßig über einander liegende Absätze, gleich künstlichen Gärten. Diese Absätze sind mit allerlei Bäumen bedeckt, und werden von zahlreichen Quellen gewässert, die von der Morgensonne beschienen, im Rasen glänzen, oder wie Goldfäden von bemoosten Felsen herab rieseln. Granitblöcke, mit hohen Tannen gekrönt, erheben sich über diese gewaltigen Massen. Wenn man vom Ufer des Flusses diese prächtigen Stufen und die Häupter der Felsen über den Wolken erblickt, so glaubt man die Säulengipfel im Naturtempel, und die prachtvolle Treppe, die dahin führt, zu erblicken.

Als der Reisende am Fuße der Felsenberge anlangte, mußte er den Krümmungen folgen, womit der Weg sich hier windet. Schwierigkeiten und Gefahren wuchsen. Hier mußte man das Gepäck zu Lande fortschaffen, um Wasserfälle und Stromschnellen zu vermeiden, dort den ungestümen Strom hinauf fahren und das Kanot mühsam an der Leine ziehen. Mackenzie's Reise durch diese Gebirge ist ungemein anziehend. Bald mußte er, um sich einen Weg zu bahnen, Wälder umhauen und Pfade im Hochwalde machen; bald sprang er mit Gefahr seines Lebens von Felsen zu Felsen, und nahm seine Gefährten, einen nach dem andern, auf die Schultern. Die Leine zerriß, das Kanot schlug an Klippen. Die Canadier wurden muthlos und wollten nicht weiter gehen. Vergebens irrte Mackenzie in der Einöde umher, den Lauf des westlichen Flusses zu entdecken. Er hörte mit Schrecken einige Flintenschüsse in der Wüste wiederhallen, und glaubte, es näherten sich feindselige Wilde. Er stieg auf einen hohen Baum, aber sah nur Berge mit Schnee bedeckt, wo einige verwelkte Birken sich erhoben, und unten nichts als endlose Wälder.

Es gibt nichts Traurigeres, als der Anblick dieser Wälder der neuen Welt, von dem Gipfel der Berge betrachtet. Die Thäler, welche wir durchwandert haben, und von allen Seiten übersehen, zeigen sich wellenförmig, gleich den hohen Wellen des Meeres nach einem Sturme. Ihre Breite scheint abzunehmen, je weiter sie sich entfernen. Die nächsten erscheinen dem Auge mit röthlichem Grün gefärbt, die folgenden haben einen leichten Anstrich von Blau und die letzten laufen in himmelblauen Streifen hinter einander.

Mackenzie stieg endlich von seinem Baume herab, um seine Gefährten wieder aufzusuchen. Das Kanot fand sich nicht mehr am Ufer des Flusses. Er that einen Schuß, aber es folgte keine Antwort auf dieses Zeichen. Er ging hin und her, aufwärts und abwärts am Gestade. Endlich fand er seine Begleiter, als er vier und zwanzig Stunden in tödlicher Angst zugebracht hatte. Bald nachher stieß er auf einige Wilde. Als er sie fragte, wollten sie anfangs nichts von einem westlichen Flusse wissen, ein Greis aber, den Mackenzie durch Liebkosungen und Geschenke gewann, sagte ihm endlich, mit der Hand den Friedefluß hinauf zeigend: Man muß nur über drei kleine Seen und eben so viele Wasserfälle, dann kommt man zu einem kleinen Flusse, der in den großen fällt.

Wie entzückt war unser Wanderer über diese glückliche Kunde! Er ging sogleich wieder in sein Fahrzeug, begleitet von einem Indianer, der bereit war, ihm zu dem unbekannten

Flusse zu folgen. Er kam bald aus dem Friedeflusse, fuhr in einen andern kleinen Fluß, der aus einem nahen See kam, überschiffte diesen See, und von See zu See, von Fluß zu Fluß, nach einem Schiffbruche und manchen Fährlichkeiten, kam er endlich, am 18. des Junius 1793, in den Takutsche Tesse, oder den Columbia-Fluß, der in das stille Meer ausströmt.*

Zwischen zwei Bergketten breitet ein herrliches Thal sich aus, wo Wälder von Pappeln, Cedern und Birken schatten. Ueber den Wäldern steigen Rauchsäulen empor, welche dem Wanderer die unsichtbaren Bewohner dieser Wildnisse verrathen. Die rothen und weißen Thonschichten, welche auf den Abstürzen der Berge sich erheben, gleichen hier und da den Trümmern alter Burgen. Der Columbia-Fluß schlängelt sich mitten durch diese schöne Einsamkeit. Auf den zahlreichen Inseln, die in dem Strome liegen, blicken große Hütten aus dem Fichtengebüsche hervor, wo die Eingeborenen die Sommertage verleben.

Mackenzie traf einige Wilde am Ufer, von welchen er nützliche Nachrichten erhielt. Der große Fluß, sagten sie ihm, fließe nach Mittag, und immer mit gleicher Gewalt wälzen seine Wellen sich fort, aber an drei Stellen werde die Schifffahrt durch Wasserfälle und starke Stromschnellen unterbrochen. Und außer diesen Gefahren, fügten sie hinzu, habe der Reisende die Schwierigkeiten zu überwinden, welche die kriegerische Stimmung der zahlreichen Uferbewohner ihm entgegen setze.

Mackenzie ward sehr bestürzt, als er diese Nachrichten hörte, und von neuem sank der Muth seiner Gefährten. Er suchte seine Unruhe so gut als möglich zu verbergen, und folgte noch eine Zeitlang dem Laufe des Stromes. Einige

---

* Unter 46° N. Br. Der Lauf desselben ist ungefähr vom 51° an auf den Karten nur muthmaßlich bestimmt. *D. Ueb.*

andre Wilde, welchen er begegnete, bestätigten die Angaben der ersten, fügten aber hinzu, er werde auf einem sehr bequemen, und allen Eingeborenen bekannten, Wege in wenigen Tagen das Meer erreichen, wenn er den Strom verlassen und mitten durch die Wälder gerade nach Abend reisen wolle.

Mackenzie entschloß sich sogleich, diesen neuen Weg einzuschlagen. Er schiffte wieder den Strom herauf bis zu der Mündung eines kleinen Flusses, den man ihm bezeichnet hatte, ließ sein Kanot hier zurück und drang in die Wälder vor, einem Wilden vertrauend, der ihm zum Führer diente, aber, wenn er Lust hatte, ihn den feindseligen Horden überliefern, oder ihn mitten in der Wildniß verlassen konnte.

Jeder Canadier trug eine Last von neunzig Pfund auf dem Rücken, Flinte, Pulver und einige Kugeln ungerechnet; Mackenzie selber trug, außer seinen Waffen und seinem Telescope, an Lebemitteln und allerlei kleinen Waaren, eine Last von siebzig Pfund.

Nothwendigkeit, Ermüdung und ein gewisses Zutrauen, das man durch die Gewöhnung an Gefahren erhält, nahmen unsern Reisenden bald alle Unruhe. Nach langen Tagreisen durch Gehölze und Wälder, bald von heißer Sonne verbrannt, bald von Regengüssen abgekühlt, schliefen sie des Abends ruhig ein bei dem Gesange der Wilden. Diese Gesänge bestanden aus sanften, traurigen Tönen, die eine ziemlich angenehme Weise hatten, und dem kirchlichen Gesange nicht unähnlich waren. Wenn ein Wanderer in den amerikanischen Einöden mitten in der Nacht unter einem Baume erwacht, wenn er die fernen Gesänge einiger Wilden hört, welche alsbald mit tiefer Stille und dem Säuseln des Windes im Walde abwechseln, so glaubt er die Luftmusik zu vernehmen, welche, nach Ossian, die abgeschiedenen Barden beim Mondscheine auf den Gipfeln des Slimora hören lassen. Unsere Reisenden kamen bald zu den Indianer-Stämmen, von welchen Mackenzie einige rührende Sittenzüge erzählt. Er sah eine fast blinde, von Alter ganz gebeugte Frau, die ihre Verwandten der Reihe nach trugen, weil sie nicht mehr gehen konnte. In einer andern Gegend reichte ihm eine junge Frau, die er mit ihrem Kinde bei der Ueberfahrt über einen Fluß fand, ein Gefäß mit Wasser, so wie Rebecka ihr Gefäß vor Abrahams Diener senkte, und zu ihm sagte: Trinke, dann will ich auch deinen Kamehlen zu trinken geben.

Ich selber stieß einst auf einen Stamm von Indianern, welche bei dem Anblicke eines Reisenden weinten, weil er sie an die Freunde erinnerte, die nach dem *Lande der Seelen* gereiset und schon lange *unterwegs* waren.

Alles ist wichtig für den Wanderer in der Wildniß. Die frische Spur eines menschlichen Fußtrittes in einer wilden Gegend, hat mehr Reiz für ihn, als die Spuren des Alterthums in Griechenlands Boden. Durch die Nachweisungen eines benachbarten Volkstammes geleitet, kam Mackenzie zu dem Dorfe eines gastfreundlichen Stammes, wo ein Grab bei jeder Hütte war. Als er, weiter ziehend, über das Gebirge gekommen war, erreichte er die Ufer des Lachsflusses, der sich in das stille Meer ergießt. Ein zahlreicher Volkstamm, reinlicher, besser gekleidet, und bequemer wohnend, als die übrigen Wilden, nahm ihn gastfreundlich auf. Ein Greis drängte sich zu ihm und schloß ihn in seine Arme. Man bereitete ihm ein großes Fest, und versah ihn reichlich mit Lebemitteln. Ein junger Mann nahm einen schönen Mantel von seinen Schultern und hing ihm denselben um. Das ist fast ein homerischer Auftritt. Mackenzie blieb mehre Tage bei diesen Wilden. Der Todtenplatz war ein großer Cederwald, wo man die Leichen verbrannte und jährlich zweimahl, im Frühlinge und im Herbste, ein Fest feierte. Während er durch das Dorf ging, brachte man Kranke zu ihm, die er heilen konnte. Rührende Einfalt eines Volkes, wo der Mensch dem Menschen noch theuer ist, und wo man in überlegener Einsicht nichts als den Vorzug sieht, den Leidenden Linderung geben zu können!

Der Häuptling des Volkes gab dem Reisenden seinen eigenen Sohn als Wegweiser mit, und ein Kanot von Cederholz, um ihn an's Meer zu bringen. Der Häuptling erzählte dem Reisenden, er habe vor zehn Wintern, als er sich mit vierzig Indianern in dem selbigen Kanot eingeschifft, an der Küste zwei Schiffe mit weißen Menschen gefunden. Das war der *gute Tuler*,* dessen Andenken unter den Küstenbewohnern des stillen Meeres noch lange leben wird.

Am 20. des Junius kam Mackenzie aus dem Lachsflusse in den Arm des Meeres,** worein sich derselbe in mehren Mündungen ergießt. Er fand hier überall Spuren von Vancouver.

Die Entdeckungen dieses Reisenden liefern zwei sehr wichtige Ergebnisse, eines für den Handel, das andere für die Erdkunde. So werden durch die Entdeckungen der englischen Reisenden immer neue Quellen von Schätzen, und Englands Handelniederlassungen in Asien neue Wege geöffnet. In Hinsicht auf die Fortschritte der Erdkunde, welche am Ende auch dem Handel Vortheil bringen, ist Mackenzie's Reise nach Abend minder wichtig, als seine nördliche Reise. Vancouver hat hinlänglich erwiesen, daß es auf der Nordwest-Küste von Amerika, vom Nutka-Sund bis zum Cook-Flusse keine Durchfahrt gibt. Wir haben es Mackenzie's Bemühungen zu danken, daß auch in den nördlichen Gegenden jetzt wenig mehr zu berichtigen bleibt.

Der Hintergrund der *Repulse-Bai* liegt ungefähr unter 68° nördlicher Breite und 85° westlicher Länge von Greenwich.

---

* Cook.
** Das ist die Meerenge, in welche die sogenannte *Fuca-Straße* führt, die man für den Eingang der nordöstlichen Durchfahrt hielt. *Der Ueb.*

Im Jahre 1771 sah *Hearne*, der aus der Hudson-Bai abfuhr, das Meer an der Mündung des Kupferflusses ungefähr unter 69° der Breite und 101° der Länge.

Es sind also nur noch 5 bis 6 Längegrade zwischen dem von *Hearne* gesehenen Meere, und dem Meere am nördlichsten Ende der Hudson-Bai. Stimmt man, wie man kann, jeden Längegrad hier zu 6 Meilen, so sind noch ungefähr 36 Meilen zu untersuchen.

Fünf Längegrade westlich von der Mündung des Kupferflusses, entdeckte Mackenzie das Meer, unter 69° 7' nördlicher Breite. Es werden also noch etwa 30 Meilen eines unbekannten Küstenstrichs zwischen den, von Hearne und Mackenzie gesehenen, Theilen des Meeres zu entdecken sein.

Wenden wir uns weiter westlich, so kommen wir endlich an *Berings Straße*. Cook ist über diese Meerenge hinaus, bis zum 69° oder 70° nördlicher Breite und 275° westlicher Länge, 36 Meilen weit gekommen, so daß höchstens noch 6 Längegrade Cook's Polar-Meer von Mackenzie's Meere trennen.

Das ist die Kette bekannter Punkte, wo man das Meer um die Pole, auf der Nordküste von Amerika, von Berings Straße bis zum nördlichen Ende der Hudson-Bai gesehen hat. Es ist also nichts mehr übrig, als die Räume zwischen jenen Punkten (höchstens 125 Meilen) zu Lande zu untersuchen, um sich zu überzeugen, daß das Vestland von Amerika auf allen Seiten vom Meere begränzt ist, und daß auf den nördlichen Gränzen dieses Erdtheils sich ein Ocean erstreckt, der den Schiffen vielleicht nicht unzugänglich ist.

Es sei mir eine Bemerkung erlaubt. Mackenzie hat zu Englands Vortheile Entdeckungen gemacht, die ich einst zu Frankreichs Nutzen unternommen und der Regierung vorgeschlagen hatte. Der Entwurf dieser Reise, den ein Fremder ins Werk gesetzt hat, wird also wenigstens nicht mehr unausführbar erscheinen. Wie Andre Vermögen und Ruhe begehren, so hatte ich nur nach der Ehre gestrebt, selbst mit Gefahr meines Lebens den französischen Nahmen in entlegene Meere zu tragen, meinem Vaterlande eine Niederlassung an den Küsten des stillen Meeres zu verschaffen, einer mächtigen Nebenbuhlerinn die Schätze eines einträglichen Handels zu entreißen, und sie zu hindern, sich neue Wege nach Indien zu öffnen.

Ich konnte bei der Uebersicht von Mackenzie's Reise meine Bemerkungen mit den seinigen verbinden, weil wir uns in den selbigen Absichten begegneten, und ich zu der Zeit, wo er seine erste Reise machte, gleichfalls durch die Einöden von Amerika wanderte. Aber er ward bei seiner Unternehmung unterstützt, er hatte glückliche Freunde und ein ruhiges Vaterland hinter sich, doch mir ward nicht gleiches Glück beschieden.

Anhang

Der Horizont der Neuen Welt

Johannes Willms

François-René Vicomte de Chateaubriand brillierte in seinem fast achtzigjährigen Leben in vielen Rollen: als Reisender in Nordamerika und im Heiligen Land, in Italien und Griechenland, als Diplomat, Minister und Politiker, vor allem jedoch als Schriftsteller. Der hier vorliegende Band versammelt Fragmente von Reisebeschreibungen, die zwischen 1801 und 1806 in der Zeitschrift *Mercure de France* erschienen. Es waren Fingerübungen, in denen Chateaubriand Szenerien und Eindrücke festhielt, die zum Teil erst später in seinem Werk aufgingen. Für die erste Gesamtausgabe seines literarischen Œuvres, die 1826 erschien, fasste Chateaubriand einige dieser frühen Bruchstücke zu Reiseschilderungen wie der *Voyage en Amérique* oder der *Voyage en Italie* zusammen. Einzelne Abschnitte aus *Ueber England und die Engländer*, mit denen er die im englischen Exil (1793–1800) gemachten Erfahrungen und Erlebnisse schilderte, fanden hingegen erst in dem 1836 veröffentlichten *Essai sur la littérature anglaise* Aufnahme.

Der Band *Erinnerungen aus Italien, England und Amerika* verdankt sich vermutlich einer buchhändlerischen Spekulation des Londoner Verlegers Henry Colburn, der das lebhafte Verlangen des zeitgenössischen Publikums nach Reiseliteratur und den europäischen Ruhm Chateaubriands ausbeuten wollte, der mit dem im April 1814 erschienenen politischen Pamphlet *De Buonaparte et des Bourbons* neuen Glanz erhalten hatte. Doch eignet dieser Kompilation ein besonderer

Reiz. Vor allem dem heutigen Leser gewährt sie einen Einblick in die Werkstatt des Autors, und sie regt an, einen bekannten Unbekannten wiederzuentdecken. Dazu könnte etwa die zu Recht berühmte Schilderung *Rom und die Umgegend* verführen, die am 3. März 1804 unter dem Titel *Lettre à M. de Fontanes sur la campagne romaine* im *Mercure de France* erschien und die mit lebhaftem Kolorit den Anblick der Ewigen Stadt malt, wie er sich Chateaubriand im Sommer 1803 darbot. Entsprechendes gilt auch für die *Reise auf den Montblanc*, einen Ausflug, den Chateaubriand Ende August 1805 unternahm und dessen Bericht er am 1. Februar 1806 im *Mercure de France* veröffentlichte.

Insbesondere die Darstellungen Italiens sind exemplarisch für das zu damaliger Zeit in besonderer Blüte stehende Genre der Reisebeschreibung. Sie sind liebevoll detailliert angelegte Prosa-Radierungen, die eine stimmungsvolle und möglichst genaue Anschauung der besuchten Orte vermitteln, zugleich aber auch Anspruch erheben, ein Kunstwerk zu sein, insofern sie zu erkennen geben, dass das Erlebte durch ein Temperament wahrgenommen wurde. Das ist Chateaubriand bei der Schilderung der römischen wie der neapolitanischen Szenerie ersichtlich besser gelungen als bei dem Bericht über seine Montblanc-Wanderung. Das Erlebnis der italienischen Landschaft war von Malern und Literaten bereits vielfach kanonisiert worden, so dass Chateaubriand bereits eine Partitur des Erlebens vorfand, die er durch eigene Impressionen, Akzentsetzungen sowie allerlei historische, philosophische und psychologische Reflexionen nur verändern oder anreichern musste. Entscheidend aber war, dass sich ihm in Italien ein gleichermaßen fremdes und – im Sinne eines vorgewussten und empathisch-gemütvollen – auch vertrautes Panorama darbot, das auf Schritt und Tritt mit heidnisch-antiken wie christlichen Anmutungen möbliert war, das nicht nur zu seinem Auge, sondern auch zu seiner Seele sprach und das er in seiner Wahrnehmung romantisch verklärte.

Mit einem vergleichbaren Erlebnis konnte das Montblanc-Massiv nicht aufwarten. Es war dies bloße Natur und als solche eine fremde, eine gewaltige und gleichermaßen menschenfeindliche wie abweisende Wüstenei, die in ihrer erhabenen Eigenart wahrzunehmen und zu schätzen Chateaubriand jedes Organ fehlte. Vor allem aber mangelte es dieser Landschaft an jeglicher Kultur, an einer entzifferbaren historischen oder zivilisatorischen Prägung, was sich darin niederschlug, dass die Alpen noch längst nicht literarisch oder künstlerisch kartiert, geschweige in ihrem Erlebniswert oder ihrer Anmutung kanonisiert waren. Der Genfer Naturforscher und Philosoph Horace de Saussure, der das Hochgebirge systematisch durchstreifte, hat im zweiten Band seiner *Voyages dans les Alpes* (1786) den ersten ausführlichen Bericht über das Montblanc-Massiv überhaupt vorgelegt. Vermutlich war es dieses Vorbild, das Chateaubriand zu jenem alpinistischen Ausflug veranlasste, der ihn zwischen dem 23. und 27. August 1805 von Genf aus ins Montblanc-Massiv führte und ihn das »Gletschermeer« in Augenschein nehmen ließ. Im Unterschied zu Saussure sah er jedoch davon ab, den Gipfel des Montblanc zu erklimmen. Wie seine *Reise auf den Montblanc* zeigt, die am 1. Februar 1806 im *Mercure de France* veröffentlicht wurde, hat ihn dieser Ausflug nicht sonderlich beeindruckt. Statt einer in vielen Schattierungen prunkenden Radierung zeichnet er das eindrucksvolle Bergpanorama in der Manier eines Schattenrisses und schenkt lediglich den wechselnden Wolkenkonstellationen größere Aufmerksamkeit, die gewissermaßen den Bühnenhintergrund bilden. Daran zeigt sich deutlich, dass die Hochalpen im Unterschied etwa zur römischen Campagna oder dem Vesuv als Sujet noch ihrer literarischen oder poetischen Verwertung harrten und Chateaubriand sich nicht dazu angeregt fühlte, dies mit seiner Schilderung zu leisten.

Dass ihm die hochalpine Szenerie so ganz und gar nicht lag, macht er gleich zu Beginn seines Berichts unmissverständlich klar, indem er sie mit zwei Sätzen abtut: »Ich habe viele Berge in Europa und Amerika gesehen, aber es ist mir immer vorgekommen, als ob man in den Beschreibungen dieser großen Naturdenkmahle über die Wahrheit hinausgehe. Meine letzte Erfahrung über diese Erscheinung hat mich in meiner Meinung nicht wankend gemacht.« Das ist zum einen Angeberei, denn ein den Hochalpen vergleichbares Gebirgsmassiv hatte Chateaubriand nie zuvor geschaut. Zum anderen verschweigt er dem Leser, dass diese Landschaft seinem Temperament zuwider ist, er sich von ihr geradezu bedrängt und geängstigt fühlte. Das jedoch gestand er in einem Brief an seine Freundin Madame de Staël, der er am 1. September von Lyon aus schrieb: »Diese hohen Berge ersticken mich. Ich schätze es so gar nicht, erleben zu müssen, wie meine armselige Existenz zwischen diesen schweren Massen so heftig bedrückt wird. Die Berge sind nur schön, wenn sie den Horizont bilden. Sie erfordern eine weite Perspektive. Ist diese nicht gegeben, verkürzen sie nur die Sicht, der es deshalb an Raum fehlt, um sie zu gewahren und zu beurteilen. Dieses Schicksal teilen die Berge mit allen *Grandeurs*. Man muß sie von weitem betrachten, denn von nahem schrumpfen sie.«

Bezeichnenderweise hat Chateaubriand diese letzte Bemerkung im veröffentlichten Text in dieser vieldeutigen epigrammatischen Zuspitzung nicht verwendet: Sie war unschwer als Anspielung auf Napoleon zu erkennen, dem er nach der Ermordung des Duc d'Enghien am 22. März 1804 demonstrativ die Gefolgschaft aufgesagt hatte und der ihn, wie Madame de Staël, seither mit seinem Hass verfolgte und polizeilich überwachen ließ. So bescheidet sich Chateaubriand damit, ausschließlich über das jedem Wanderer im Gebirge vertraute Phänomen der perspektivischen Verkürzung zu räsonieren – mit der harmlosen Schlussfolgerung: »Diese Berge, die ihre scheinbare Größe verlieren, wenn das Auge des Beschauers ihnen zu nahe ist, sind jedoch so riesenhaft, daß sie allem, was ihnen als Verzierung dienen könnte, die Wirkung rauben. Es wird daher, nach entgegen stehenden Gesetzen, in den Alpenschluchten alles verkleinert, das Ganze, wie das Einzelne.«

In biographischer Hinsicht wie für die Genese seines literarischen Werks sind insbesondere die unter der Rubrik *Erinnerungen aus Amerika* versammelten frühen Zeugnisse seines schriftstellerischen Schaffens aufschlussreich, die ab 1801 im *Mercure de France* publiziert wurden. Die unbekannten Weiten der Neuen Welt übten schon früh einen unwiderstehlichen Reiz auf seine romantisch-abenteuerliche Phantasie aus, die ihn als leidenschaftliche Muse ein Leben lang begleiten und sein Schreiben nachhaltig beeinflussen sollte. Dies wie die Zeit und die sozialen Umstände, in die er hineingeboren wurde, stellten die starken Kontraste dar, die sein Leben und Werk prägten.

Als Spross eines altadeligen bretonischen Geschlechts wurde Chateaubriand am 4. September 1768, zwanzig Jahre vor dem Ausbruch der Französischen Revolution, in Combourg bei Saint-Malo geboren. Das dort gelegene Schloss hatte der Vater, der durch Sklavenhandel zu einem bescheidenen Vermögen gekommen war, 1761 dem Herzog von Duras abgekauft und konnte sich deshalb nun seinerseits mit dem Herzogtitel schmücken. Dieses Combourg, das Chateaubriand in seinen Schriften immer wieder als eine unvergleichliche romantische Idylle evozierte, schildert der englische Reisende Arthur Young hingegen in seinen *Voyages en France* als ein ganz besonders elendes Nest: »Bis Combourg macht das Land einen gänzlich wüsten Eindruck. Die Landwirtschaft befindet sich auf dem Stand der Huronen [...]. Die Menschen, die hier leben, sind beinahe genauso unkultiviert wie das Land, und die Stadt Combourg ist einer der schmutzigsten und widerwärtigsten Orte, den man sich nur vorstellen kann. Die Häuser sind aus Lehm und haben keine Glasfenster [...]. Dennoch befindet sich hier auch ein Schloß, das sogar bewohnt ist. Wer aber ist dieser M. de Châteaubriant [sic!], der Besitzer dieser Behausung, der offenkundig über derart starke Nerven verfügt, daß er inmitten dieses Gestanks und dieser Armut lebt?«

Die Schilderung Youngs, der ein sehr genauer und zuverlässiger Beobachter war, kündet von einer bedrückenden Enge, einem schmutzstarrenden Elend, das einem sensiblen Gemüt keine andere Wahl ließ, als das Weite zu suchen. Dazu nötigte Chateaubriand aber auch der Umstand, dass ihm als Zweitgeborenen nur ein bescheidenes Erbteil zustehen würde. Das vor allem gab den Ausschlag, dass er nach dem Besuch der von den Jesuiten geleiteten Schule in Rennes 1783 in die königliche Marine eintreten sollte. Nachdem sich dieser Plan zerschlagen hatte, bezog er im Sommer 1783 das theologische Seminar von Dinan, um sich auf die geistliche Laufbahn vorzubereiten, ein Vorsatz, von dem er sich aber schon im Februar 1785 wieder abwandte. Was ihn jetzt plagte, war ein seinem Alter gemäßes Fernweh, das ihn davon träumen ließ, nach Kanada zu gehen oder sich bei einem indischen Maharadscha zu verdingen. Als auch daraus nichts wurde, trat er im August 1786 als Kadett in das Regiment Navarra ein. Nach dem Tod des Vaters im September desselben Jahres erbte Chateaubriand ein bescheidenes Vermögen, das es ihm erlaubte, sich in den nächsten Jahren jeweils für längere Zeit vom Militärdienst beurlauben zu lassen und sich in Paris aufzuhalten, wo er mit literarischen und philosophischen Kreisen in nähere Berührung kam. Dank dieses Umgangs entwickelte er sich schnell zu einem Freidenker, der in den Schriften Jean-Jacques Rousseaus, die einen erheblichen Einfluss auf sein eigenes literarisches Schaffen haben sollten, die Quelle seiner Offenbarung entdeckte.

Der Ausbruch der Revolution von 1789 sowie eine nach dem Verzehr des Erbes rasch wachsende Schuldenlast veranlassten Chateaubriand bereits im Frühjahr 1790, erneut Pläne für eine Reise nach Amerika zu schmieden. Dies stand ganz im Einklang mit jener schwärmerischen Mode, die unter der »Generation von 1789« grassierte, für die Nordamerika der ferne, lockende Horizont war, auf den sie all ihre Sehnsüchte, Ideale, Hoffnungen und Mythen projizieren konnten, die von der Aufklärung geweckt worden waren. Davon ließ sich auch Chateaubriand umtreiben, aber für ihn war auch charakteristisch, dass er für diese Amerika-Reise stets ein zwar grandioses, aber auch praktisches Motiv in den Vordergrund stellte: die Entdeckung der Nordwest-Passage des amerikanischen Kontinents. Immer wieder kam er darauf zurück: In dem *Essai sur les révolutions*, der 1797 erschien, in der Erzählung *Atala* aus dem Jahr 1801 und in dem Bericht über die *Voyage en Amérique*, der ursprünglich Teil seiner *Mémoires d'outre-tombe* sein sollte, aber dann als eigenständiger Text erstmals in den *Œuvres complètes* von 1826 veröffentlicht wurde. Am ausführlichsten ging er darauf in den *Mémoires d'outre-tombe* ein, an denen er seit 1811 arbeitete, die aber erst 1849/50, ein Jahr nach seinem Tod, in zwei Bänden publiziert wurden. Seine Absicht, so hieß es dort, sei gewesen, die schiffbare Verbindung zwischen dem atlantischen und dem pazifischen Ozean zu entdecken, eine Chimäre, die damals zahlreiche Gemüter narrte. Wie Bonaparte sei er ein kleiner, völlig unbekannter Unterleutnant gewesen. »Zur nämlichen Zeit traten der eine wie der andere aus ihrer Unbekanntheit heraus: Ich, um mein Ansehen in der

Einsamkeit zu finden, er, um sich Ruhm unter den Mitmenschen zu erwerben.«

Diese Forschungsreise wollte er angeblich auf dem Landweg entlang der Nordwestküste Amerikas stets in Sichtweite des Meeres bis zur äußersten nördlichen Spitze des Kontinents unternehmen, um sich dann nach Osten zu wenden und, dem Saum des Polarmeers folgend, über Labrador, Kanada und die Hudson Bay wieder in die Vereinigten Staaten zurückzukehren – eine pure Phantasmagorie, die sich Chateaubriand von dem englischen Abenteurer Jonathan Carver »ausgeborgt« hatte. Dessen Bericht *Voyage dans les parties intérieures de l'Amérique septentrionale pendant les années 1766, 1767 und 1768*, der in französischer Übersetzung in Paris 1784 erschienen war, schlug diese ungewöhnliche Route vor. Das liefert en passant einen Hinweis darauf, dass Carver, der sich rühmte, die Landschaften wie das Leben, die Sitten und Bräuche der Indianer, unter denen er sich aufgehalten hatte, getreulich zu schildern, von Chateaubriand als Hauptquelle für seinen eigenen Bericht weidlich ausgebeutet wurde.

Dass Chateaubriand den überwiegenden Teil seiner amerikanischen Erlebnisse vor allem einem intensiven Studium der vorhandenen Reiseliteratur verdankte, zeigen auch Dauer und Verlauf eines Ausflugs, zu dem er Anfang April 1791 aufbrach, als er sich von Saint-Malo nach Baltimore einschiffte, wo er am 10. Juli landete. Von dort besuchte er Philadelphia und New York. Zu Schiff ging es dann den Hudson hoch bis Albany und dann über Land auf der vor allem von Pelzhändlern genutzten, vergleichsweise verkehrsreichen und gefahrlosen »Mohawk-Piste« zu den Niagarafällen, ehe er wieder auf einer unbekannten – vermutlich jedoch derselben – Route nach Philadelphia zurückkehrte. Ende November 1791 brach er nach Frankreich auf, am 2. Januar 1792 kam er in Le Havre an. Im Vorwort zu *Atala*, dem *Génie du christianisme* und der *Voyage en Amérique* suggeriert Chateaubriand jedoch einen immensen Parcours, den er in noch nicht einmal fünf Monaten von Nord nach Süd bis in das Stammesgebiet der Natchez und wieder zurück nach Philadelphia absolviert haben will. Diesen Bären bindet er seinem Leser auch noch in den *Mémoires d'outre-tombe* auf, in denen es heißt, er habe die Gegenden besucht, »in denen sich heute die Staaten Alabama, Georgia, Südcarolina und Tennessee erstrecken«. Deren landschaftliche Schönheiten, Flora und Fauna schildert er ausführlich und mit viel Liebe zum pittoresken Detail, ebenso wie die angeblichen, bisweilen dramatischen Begegnungen mit Indianern verschiedener Stämme. Erst bei dem Ort Chillicothi, der auf keiner Landkarte verzeichnet ist, sei er wieder auf europäische Siedler gestoßen und dort habe er in einer Zeitung die Nachricht von der am 21. Juni 1791 in Varennes gescheiterten Flucht Louis XVI. und dessen Verhaftung gelesen wie auch davon, dass die adeligen Offiziere sich unter der Führung der königlichen Prinzen zu einer Armee versammelten, um gegen die Revolution zu Felde zu ziehen. Das habe ihn veranlasst, seine Reise abzubrechen und nach Europa zurückzukehren.

Tatsächlich meldete die New Yorker Presse erstmals am 23. August 1791 die Flucht des Königs. Dass diese Nachrichten aber der alleinige Anstoß waren, den Aufenthalt in Amerika jäh zu beenden, kann bezweifelt werden. Ausschlaggebend dürfte vielmehr gewesen sein, dass sich die Hoffnungen, in Amerika eine unabhängige Existenz zu gründen, zerschlagen hatten. Solche Träume hegten um 1790 viele seiner Landsleute, die sich von den gleisnerischen Versprechungen der »Compagnie de Scioto« zur Auswanderung nach Amerika verlocken ließen. Das verheißene irdische Paradies fanden sie dort nicht vor. Ihr Schicksal war vielmehr, in feindlicher Umgebung im schwärzesten Elend zu darben und auch die bittere

Erfahrung zu machen, dass die Indianer alles andere als jene »edlen Wilden« waren, als die Rousseau-Leser sie sich vorstellten. Einigen dieser desillusionierten Elendsgestalten, die ihr Glück vermutlich in der französischen Siedlung Gallipoli am Ufer des Ohio zu finden hofften, dürfte Chateaubriand in Philadelphia begegnet sein. Das erklärt auch, dass er sich nicht nach Westen, sondern nach Norden wandte, wo er sich vermutlich im Gebiet der Großen Seen als Pelzhändler durchzuschlagen beabsichtigte. Dafür spricht jedenfalls, dass er in Albany, wie er in den *Mémoires d'outre-tombe* berichtet, einem Mr. Swift begegnete, der in diesem Gewerbe tätig war und dessen Beispiel ihn möglicherweise zu einem solchen Broterwerb anregte – was die prosaische Erklärung für Chateaubriands »Entdeckung« der Niagarafälle sein dürfte.

Ungeachtet der Enttäuschungen lieferten die Eindrücke, die Chateaubriand während seines kurzen Amerika-Aufenthalts empfing, Anregungen zu einem poetischen Riesengemäldes des Landes, das er zwar nie verwirklichte, von dem aber unterschiedlich große Fragmente in seinen Werken auftauchen. Allein die Schilderung seines Besuchs der Niagarafälle figuriert darin viermal: Im *Essai sur les révolutions anciennes et modernes* (1797), in *Atala* (1801), in der *Voyage en Amérique* (1826) und schließlich im ersten Band der *Mémoires d'outre-tombe* (1849). Zahlreiche amerikanische Reminiszenzen finden sich nicht zuletzt auch in dem Buch, das als literarisches Zeugnis seiner Rückkehr zum katholischen Glauben anzusehen ist und das bei seinem Erscheinen ein großer Erfolg wurde: Mit dem *Génie du christianisme ou Beauté de la religion chrétienne* rührte Chateaubriand 1802 an einen Nerv der Zeit, weshalb er schlagartig zu einer europäischen Berühmtheit avancierte. Daran änderte auch nichts, dass das Buch der päpstlichen Zensur missfiel, die das Werk auf den Index setzte. Die römischen Prälaten handelten damit nur konsequent, denn diese Apologie des Christentums argumentierte weder historisch noch dogmatisch, sondern ausschließlich poetisch. Eben das erklärt die große Faszination, die dieses Werk auf die Zeitgenossen ausübte, die, von der Revolution enttäuscht, Trost und Zuflucht in einer christlich überformten Sinnstiftung suchten und in dem *Génie du christianisme* ein Vademecum ihres romantischen Sehnens erkannten.

Das Buch ist das umfangreichste unter jenen Texten, die Chateaubriand – wie die Dichtung *Atala* oder deren autobiographische Gegenstücke *René* und *Les Natchez* (1827) – aus jener rousseauistisch-poetischen Magma formte, die schon vor seiner Amerikareise in ihm wogte, wie er im Vorwort von *Atala* schrieb: »Ich war noch sehr jung, als ich den Gedanken faßte, die Epopöe des Menschen in seinem Naturzustand oder die Sitten der Wilden zu malen, indem ich diese mit einem bekannten Ereignis verknüpfte. Seit der Entdeckung Amerikas fand ich dafür keinen interessanteren Gegenstand [...], als das Massaker der Natchez in Louisiana 1727. [...] Ich brachte einige Entwürfe zu dem geplanten Werk zu Papier, aber ich mußte bald erkennen, daß mir die wahren Farben fehlten, und daß, wenn ich ein der Wirklichkeit gemäßes Bild geben wollte, auch die Völker getreu dem Vorbild Homers besuchen mußte, die ich malen wollte.«

Auch diese Behauptung darf man als nachträgliche Sinnstiftung für die Reise ansehen, mit der Chateaubriand implizit an das Vorbild von Marmontels Bestseller *Les Incas* aus dem Jahr 1777 anzuknüpfen suchte. Im Gegensatz zu diesem rein fiktiv-philosophischen Werk beharrt Chateaubriand jedoch auf der Authentizität seiner Schilderung, insofern er diese, wie er in der Vorrede zu *Atala* behauptet, »in den Hütten der Wilden« geschrieben habe. Vermutlich brachte er von seiner Reise tatsächlich einige Notizen über seine Eindrücke sowie auch einen ersten Entwurf zu *Atala* mit, aber alle diese

Manuskripte, so heißt es in dem *Essai sur les révolutions*, seien zusammen mit dem Rest seines Vermögens in den Strudeln der Revolution verlorengegangen. Auch bei dieser Behauptung dürfte es sich zu einem Gutteil um Mystifikation handeln, denn für seine fiktionalen Texte, deren Handlung unter den Indianern im Süden des nordamerikanischen Kontinents spielt, ebenso wie für den größten Teil der *Voyage en Amérique* verwertete er wahrhaft großzügig Lektürefrüchte, die er erst später, im englischen Exil zumal, in einschlägigen Reiseberichten gepflückt haben dürfte. Die Quellen, aus denen er schöpfte, lassen sich leicht identifizieren. Neben dem bereits genannten Bericht von Carver übernahm Chateaubriand ganze Passagen aus William Bartrams *Travels through North and South Carolina, Georgia, East & West Florida, the Cherokee Country [...] together with Observations on the Manners of the Indians*, die 1791 in Philadelphia und 1799 in französischer Übersetzung in Paris erschienen waren. Für die Ausarbeitung von *Les Natchez* konnte sich Chateaubriand auch auf die phantasievolle Schilderung stützen, die der italienische Abenteurer Giacomo Costantino Beltrami 1824 unter dem Titel *La découverte des sources du Mississippi et de la Rivière Sanglante. Description du cours entier du Mississippi* in New Orleans veröffentlicht hatte.

In den Schilderungen der Reiseabschnitte, die er tatsächlich absolvierte, finden sich, phantasievoll überhöht, Erlebnissen wie die beiden Gefahrenmomente, die er bei Besichtigung der Niagarafälle zu bestehen hatte: der Sturz vom Felsen und die Begegnung mit der Klapperschlange. Chateaubriand schöpfte aber auch hier aus der Reiseliteratur. Vor allem die drei Bände der 1744 in Paris veröffentlichten *Histoire et Description générale de la Nouvelle-France, avec le journal historique d'un voyage fait par ordre du Roi dans l'Amérique septentrionale* des weitgereisten Jesuitenpaters

Pierre-François Xavier de Charlevoix lieferten ihm eine Fülle pittoresker Details, mit denen er seine »Reportage« aus-schmückte. Ein hübsches Beispiel dafür sind die im vierten Kapitel der hier vorliegenden *Erinnerungen aus Amerika* erwähnten Silberdachse, französisch »carcajoux«, die dem deutschen Übersetzer einiges Kopfzerbrechen bereiteten, weil dieser Begriff in dem damals besten Wörterbuch, dem *Dic-tionnaire des langues Françoise & Allemande* von Chrétien Frédéric Schwan, nicht verzeichnet war. Diese Silberdachse, die der Übersetzer in einer Fußnote als Pumas (!) identifiziert, dienen Chateaubriand als gern entliehene Statisten, die seiner Darstellung des gewaltigen Naturschauspiels den notwendi-gen Effekt geben, etwa wenn er berichtet, dass sie »sich mit ihren langen Schwänzen an niedrige Baumzweige hangen«, um »die Ueberreste ertrunkener Elenthiere [i.e. Rentiere] und Bären zu erhaschen, die der Strudel an's Ufer wirft, und die Klapperschlange läßt überall ihr furchtbares Geräusch hören«.

Die sechs Fragmente, die unter dem Titel *Erinnerungen aus Amerika* in diesem Band versammelt sind, veröffentlichte Chateaubriand 1801 in der Zeitschrift *Mercure de France*. Mit ihnen wollte er, wie er in einem Brief aus dem Londoner Exil vom 19. August 1799 unumwunden zugab, Reklame in eigener Sache betreiben. Publikum und Verleger in Frankreich sollten für ebenjenes Buch interessiert werden, das Chateau-briands Rückkehr zum katholischen Glauben dokumentierte und das den Titel tragen sollte: *De la Religion chrétienne par rapport à la morale et aux beaux-arts*. Das siebte Kapitel sollte einige Episoden aus dem schon damals geplanten großen indianischen Epos *Natchez* aufnehmen; sie seien das Beste, was ihm bislang an Literatur geglückt sei, und würden sich vorzüglich eignen, für den Autor und das begonnene Werk zu werben.

Dieser Plan erfuhr durch die politischen Veränderungen in Frankreich jedoch eine entscheidende Wende: Napoleon Bonaparte übernahm nach dem Putsch des 18. und 19. Brumaire (9. und 10. November 1799) als Erster Konsul die Macht in Frankreich. Unmittelbar danach kündigte sich eine Entspannung des Verhältnisses zwischen der Revolution und der katholischen Kirche an, die mit dem Abschluss des Konkordats am 16. Juli 1801 förmlich besiegelt wurde. Zudem wurde erkennbar, dass sich Bonaparte mit der Absicht trug, nach dem Debakel der von ihm angeführten Expedition nach Ägypten die koloniale Expansion Frankreichs wieder stärker auf den amerikanischen Raum auszurichten. Diese politischen Ziele publizistisch zu unterstützen kam Chateaubriand umso mehr gelegen, weil er sich davon ein Ende seines Exils und die Rückkehr nach Paris versprechen konnte. Die weitere Chronologie der Abläufe zeigt, dass sich dieses Kalkül glänzend erfüllte: Im Mai 1800 kehrte Chateaubriand unter falschem Namen und mit einem preußischen Pass nach Paris zurück, wo er zunächst in großer Armut lebte. Am 1. April 1801 erschien die Erzählung *Atala*, die noch im selben Jahr vier weitere Auflagen erlebte. Auf diesen Erfolg gestützt, richtete Chateaubriand Anfang Mai unter seinem Namen ein Gesuch an Bonaparte, ihn aus der Liste der Emigranten zu streichen, denen die Einreise nach Frankreich unter Strafandrohung verboten war. Am 27. Juni folgte ein zweites gleichlautendes Gesuch, dem am 21. Juli schließlich stattgegeben wurde.

Während Chateaubriand mit dem Erfolg seiner Erzählung *Atala* den Prozess seiner Amnestierung erheblich beschleunigte, gelang ihm mit der Veröffentlichung des *Génie du christianisme*, so der endgültige Titel des Werks, das ursprünglich *De la Religion chrétienne* heißen sollte und das im April 1802 in Paris erschien, auf Anhieb der Durchbruch zum literarischen Ruhm, der seinen Namen sehr schnell auch jenseits der Grenzen Frankreichs bekannt machte. Zwar blieb es ihm verwehrt, wie ursprünglich erhofft, in Amerika sein Glück zu machen, aber das von ihm romantisch-christlich und rousseauistisch überformte Amerika-Erlebnis, das er in seinen Schriften immer wieder ausbreitete, verschaffte ihm in der Alten Welt ein Ansehen, das ihn zu Lebzeiten ernährte und das bis heute anhält.

Chateaubriands *Erinnerungen*
in der Herzogin Anna Amalia Bibliothek

Jan Volker Röhnert

Madame Germaine de Staël, Tochter des Schweizer Barons Necker, der als Finanzminister Ludwigs XVI. den Bankrott der königlichen Kassen erklärt und damit den Anstoß zur Einberufung der Generalstände 1789 gegeben hatte, war im Winter 1804 auf ihrer berühmten Deutschlandreise für einige Monate in Weimar abgestiegen. Nichts Ungewöhnliches für jemanden, der ausgezogen war, das deutsche Kultur- und Geistesleben vor Ort zu studieren, um dem französischen Publikum Aufklärung über die – wie sie es empfand – verträumt-tiefsinnigen Nachbarn zu bringen. Die leidenschaftliche Napoleon-Gegnerin traf mit Schiller, Goethe, Wieland, Jean Paul zusammen – Herder war kurz vorher verstorben –, die Herzoginmutter Anna Amalia speiste mit ihr im Wittumspalais, Herzog Carl August lud sie zur Audienz ins Residenzschloss oder in die Orangerie von Belvedere, und mit ihrem Begleiter (und Liebhaber) Benjamin Constant war sie gern gesehener Gast am Hoftheater. Madame de Staël war alles andere als eine passiv beobachtende Touristin; scheue Zurückhaltung gehörte nicht gerade zu ihren Tugenden – hatte sie doch in Paris einen Salon geführt, in dem die berühmtesten Männer ihrer Zeit verkehrten. Hätte nicht die Neugier der provinziellen Weimarer Hofgesellschaft auf den exzentrischen Pariser Esprit obsiegt, wäre es beim Temperament *dieser* Frau schnell zum Eklat gekommen.

Was man damals aus ihrem Mund über die französische Literatur erfahren konnte, ebnete ihren Gesprächspartnern vielleicht genausosehr den Weg zum Verständnis der französischen Kultur, wie ihr Buch *De L'Allemagne* jahrzehntelang die Literatur der Deutschen französischen Autoren vermittelte. Ganz sicher fiel damals in Weimar der Name eines Mannes, der zum Freundeskreis der Baronin gehörte – und dies nicht zuletzt wegen eines Buchs, das schon im Titel der aufgeklärten klassizistischen französischen Tradition einen Schlag versetzte und dem literarischen Leben eine ganz neue Richtung wies – *Génie du christianisme ou Beauté de la religion chrétienne* (ein Handexemplar aus der Privatsammlung der Prinzessin Marie von Sachsen-Weimar-Eisenach findet sich im Bestand der Herzogin Anna Amalia Bibliothek). Wer schwärmte da neuerdings vom Genie des Christentums und den Schönheiten der Religion, als hätte er mit Novalis und anderen deutschen Romantikern seine Gedanken ausgetauscht? Wer war dieser François-René Vicomte de Chateaubriand, von dem jetzt alle Welt sprach?

Der erste der französischen Romantiker war weit gereist. Nicht zufrieden mit dem Duft der blauen Blume, atmete er intensiv die Gerüche der Neuen Welt ein, und während in Paris die Köpfe seiner Anverwandten unter der Guillotine rollten, befuhr er den Lorenzstrom und stieg die Niagarafälle hinab – Eindrücke, die ihm den Stoff zu seinem Roman *Atala* lieferten, der in bester rousseauischer Tradition die Natürlichkeit und Opferbereitschaft der Indianer pries. Zurückgekehrt nach Frankreich zur Zeit der von europäischen Fürstenhäusern gestarteten Campagne, hätte er in der Gegend zwischen Valmy, Verdun und Luxemburg Johann Wolfgang von Goethe und Herzog Carl August begegnen können. Nach der Niederlage der Revolutionsgegner wählte der in Sichtweite der britischen Inseln aufgewachsene Bretone jedoch nicht wie so viele seiner Landsleute das deutsche, sondern das englische Exil. Von seiner nahezu kindlichen Ehefrau Céleste getrennt, deren Gesicht

er kaum kannte, wurde ihm London für über ein halbes Jahr-
zehnt zur Wahlheimat.

Dann jedoch, 1801, bot Napoleon kraft seiner Autorität
als Erster Konsul der Franzosen dem Emigranten die Am-
nestie an und war bereit, ihn in seine Dienste zu nehmen. Der
bereits 1800 noch unter dem Pseudonym Lassagne nach Paris
zurückgekehrte und durch den *Atala*-Roman wie den *Genius
des Christentums* schnell zu sensationellem Erfolg gelangte
Chateaubriand nutzte die Gunst der Stunde und reüssierte als
Diplomat: Eine erstaunliche Karriere als Dichter und Staatsmann à la française begann. Unter Napoleon arbeitete Chateaubriand zunächst als französischer Legationssekretär zu
Rom, gab jedoch 1805, nachdem sich der korsische General
zum Kaiser der Franzosen hatte krönen und unliebsame Geg-
ner wie den Duc d'Enghien kaltblütig hatte hinrichten lassen,
seinen Dienst auf und zog sich wieder ins Privatleben zurück.
Anders als Madame de Staël, die während ihres Exils im
schweizerischen Coppet eine kleine kulturelle Oase etablierte
und zahlreiche Gäste aus dem europäischen Ausland, dank
ihres Ratgebers August Wilhelm Schlegel vor allem auch aus
Deutschland anzog, hielt es Chateaubriand nicht lange in den
Schweizer Bergen. Die im *Genius des Christentums* beschwo-
rene Imagination suchte sich ihre Wirklichkeit: Chateaubriand trat 1806 seine berühmte Reise nach Jerusalem an,
während Napoleon in Jena und Auerstedt triumphierte und
Wieland in Weimar sowie Goethe in Erfurt zur Audienz bitten
ließ.

Über Griechenland führte Chateaubriands Weg nach Kon-
stantinopel und weiter über den Libanon in die Heilige Stadt;
auf dem Rückweg streifte er Nordafrika und Spanien; Mitte
1807 war er zurück in Paris. Ein Artikel im *Mercure* brachte
ihm jedoch die Verbannung aus der Metropole ein, so dass er
sich im einsam gelegenen ländlichen Vallée aux Loups ein-

richten musste. Die Reisebeschreibung kam 1811 heraus, ihre deutsche Übersetzung folgte auf den Fuß, was für das Renommee spricht, das der Autor damals in Europa genoss: *Tagebuch einer Reise von Paris nach Jerusalem durch Griechenland, und von Jerusalem durch Egypten, die Staaten der Barbarei und durch Spanien zurück nach Paris* erschien 1812 in drei Bänden bei Brockhaus; durch Goethes Chefbibliothekar Christian August Vulpius wurde es umgehend für die Herzogliche Bibliothek erworben.

War es zunächst Madame de Staëls Weimar-Aufenthalt 1804 zu verdanken gewesen, dass Hofgesellschaft und Gelehrtenkreis an der Ilm den Namen Chateaubriands kennenlernten, so wurde man fortlaufend auf ihn verwiesen, wenn die Unterhaltung mit durchreisenden napoleonischen Offizieren und Generälen auf die neueste Literatur der Franzosen kam. Im Tagebuch 1812 erwähnt Goethe einen General Sebastiani, der ihm die Gedankenwelt Chateaubriands nähergebracht habe. Die Eintragungen vom März und April 1812 verweisen auf die Lektüre des *Génie du christianisme*, was ein Blick ins Ausleihjournal der Herzoglichen Büchersammlung für diese Zeit bestätigt, worin von Goethes Hand die Entnahme von Chateaubriands *Atala* und *Génie* bestätigt ist. Ob er aber jenes große Erinnerungswerk wenigstens zu Beginn seines Entstehens noch zur Kenntnis nehmen konnte, ist ungewiss. Mit ebendiesen uferlosen *Mémoires d'outre-tombe* (*Erinnerungen von jenseits des Grabes*) hatte sich der bretonische Adelsmann im Bewusstsein der Nachwelt einen unsterblichen Platz in den vordersten Rängen der Weltliteratur erschrieben.

1811 hatte Chateaubriand im Vallée aux Loups mit der Niederschrift seiner *Memoiren* begonnen, die er praktisch bis ans Ende seines Lebens mit sich herumtrug; nur auszugsweise – wie im vorliegenden Buch – gelangte zu seinen Lebzeiten etwas ans Licht der Öffentlichkeit. 1815 zum französischen Staatsminister und Pair de France unter der Restauration der Bourbonen avanciert, blieb sein Name mehr denn je mit politischer Aktualität verbunden. Da ihm jedoch wegen erneuter Unstimmigkeiten mit der Krone sein Gehalt als französischer Pair per Dekret gestrichen wurde, war er gezwungen, seinen Lebensunterhalt vor allem durch günstige Verträge mit Verlagen zu sichern, die sich den baldigen Abdruck seiner Lebenserinnerungen erhofften. 1816 brachte der finanzkräftige Leipziger Verleger Brockhaus in seiner Pariser Dependance die *Souvenirs d'Italie, d'Angleterre et d'Amérique* heraus (in der Herzogin Anna Amalia Bibliothek unter der Signatur Dd 7: 234 geführt), deren deutsche Übersetzung schon im selben Jahr bei Hilscher in Dresden erschien: *Erinnerungen aus Italien, England und Amerika.* Es handelt sich um das vorliegende Buch, das in der Herzogin Anna Amalia Bibliothek die Signatur Dd 6: 653 [d] trägt und noch mit dem Stempel der Herzoglichen Bibliothek versehen wurde, also gleich nach Erscheinen in den Rokokosaal eingestellt worden sein muss (nachdem das Herzogtum Sachsen-Weimar-Eisenach durch die Beschlüsse des Wiener Kongresses zum Großherzogtum umbenannt worden war, änderte sich auch das Beiwort der Bibliothek in *Großherzogliche;* vermutlich blieb der alte Stempel noch einige Zeit weiter in Umlauf).

Der deutsche Übersetzer dieser ersten Auszüge aus Chateaubriands *Erinnerungen,* Wilhelm Adolf Lindau, hatte sich durch Übertragungen vornehmlich angelsächsischer Romanciers und Reiseschriftsteller wie des hoch im Kurs stehenden Walter Scott einen Namen gemacht. Er bezog seinen Text, wie er im Vorwort schreibt, aus einer bereits 1815 in London bei Henry Colburn publizierten zweibändigen Chateaubriand-Ausgabe; Brockhaus hatte davon 1816 lediglich den ersten Band für den europäischen Kontinent (illegal, entsprechend den damaligen Verlagsgepflogenheiten) nachgedruckt – und nur diesen hat Lindau auch ins Deutsche übertragen. Bei seiner Übersetzung handelt es sich um die früheste und lange Zeit einzige deutsche Fassung der *Erinnerungen* – bis 1829 der Wiener Verleger Schade eine weitere Verdeutschung herausbrachte –, und sie verdient es daher unbedingt, innerhalb der *Bibliotheca Anna Amalia* vorgestellt zu werden.

Chateaubriands *Mémoires d'outre-tombe* sind ein kanonischer Text der französischen Literatur, der von Gallimards *Bibliothèque de la Pléiade* mit zwei jeweils über tausendseitigen Dünndruckbänden von olivgrünem Leder in den literarischen Adelsstand erhoben wurde. Auf Deutsch brachte 1968 die Nymphenburger Verlagsanstalt eine von Sigrid von Massenbach angefertigte Übersetzung dieses Chef-d'œuvre heraus, die 1969 von der Büchergilde Gutenberg übernommen wurde. 1994 veröffentlichte der kleine Neurieder Ars-Una-Verlag die ersten Teile des Memoirenwerks in einer Fassung, die im Wesentlichen mit einer wenig beachteten deutschen Übersetzung der 1850er Jahre identisch ist.

Die Weimarer Ausleihjournale lassen uns im Stich, wenn wir wissen wollen, ob Goethe Vorstufen der *Memoiren* bzw. die hier neu vorgelegten *Erinnerungen* von 1816 zur Kenntnis genommen hat. Allerdings bestätigen seine knappen Anmerkungen zur Person Chateaubriands für den geplanten Aufsatz *Zur Geschichte der französischen Literatur*, dass er mit seinem Bild des Autors auch nach heutigem Dafürhalten geradezu ins Schwarze traf: »ein rhetorisch-poetisch Talent, mit Leidenschaft in der äußern Welt suchend, sich zu religiösen Gefühlen steigernd, durchaus große physisch-moralische Kraft, und auch so in der politischen Welt erscheinend«.

Dass Goethe, der in seinem thüringischen Wirkungsbereich selbst die Personalunion von Staatsmann und Dichter verkörperte, wie sie Chateaubriand auf der internationalen politischen Bühne darstellte, den Werdegang des Franzosen aufmerksam verfolgte, leuchtet aus mehr als einem Grunde ein. In einem Gespräch mit Eckermann vom 4. Januar 1827 führte er die Poesie des damals noch jungen, für Furore sorgenden Victor Hugo unmittelbar auf Chateaubriand zurück. Doch es spricht von der Ambivalenz seiner Gefühle, von langjährigem Interesse bei gleichzeitig unüberbrückbarer Distanz gegenüber diesem europäischen Esprit, wenn Goethe ein Dreivierteljahr vor seinem Tod verwundert im Tagebuch notiert: »Im Chateaubriand gedacht [sic!]. Ich habe mit dem bestem Willen nie etwas von ihm gelernt.«

Chateaubriand lebte noch bis 1848 – größtenteils von den Vorschüssen, die ihm seine Verleger in der Hoffnung auf die baldige Publikation der immer wieder angekündigten vollständigen Ausgabe der *Mémoires d'outre-tombe* widerstrebend zahlten. Auf einer Insel vor Saint-Malo ist er, wie er es sich in seinem Erinnerungsbuch von jenseits des Grabes ausgemalt hat, begraben worden. »Wo immer es mich in meinem Leben hin verschlug, ließ ich meine Träume zurück«, heißt es an einer Stelle seiner *Memoiren*. Auch von Weimar und seiner Bibliothek aus ist es möglich, ihm an diese Orte zu folgen.

Zu dieser Ausgabe

Die *Bibliotheca Anna Amalia* der *Süddeutschen Zeitung* gibt in insgesamt zwölf Bänden unter dem Motto »Weltliteratur« Einblick in die wertvollen Bestände der Herzogin Anna Amalia Bibliothek in Weimar.

Die Edition folgt buchstaben- und zeichengetreu dem jeweiligen in Weimar vorliegenden Exemplar. Dabei sind Inkonsequenzen in Orthographie und Interpunktion, die sich aus dem Fehlen verbindlicher Normen erklären, beibehalten. Offensichtliche und eindeutig zu korrigierende Druckfehler sind im Text berichtigt. Nicht übernommen werden typographische und drucktechnische Verfahren wie andere bzw. kleinere Schrift für fremdsprachige Textstellen, Doppelstrich für Wortkoppelung und Silbentrennung, Einzug bei Kapitelanfängen.

Diesem Band liegt die Erstausgabe von Chateaubriands Reiseerinnerungen an Italien, England und Amerika aus dem Jahr 1816 zugrunde: *Erinnerungen aus Italien, England und Amerika, von F. A. von Chateaubriand. Aus dem Französischen übersetzt von W. A. Lindau. Dresden bei P. G. Hilscher. 1816.* Das Exemplar der Herzogin Anna Amalia Bibliothek trägt die Signatur Dd 6: 653 [d] und ist mit dem Stempel der Herzoglichen Bibliothek versehen.

Das sechsseitige Vorwort des Übersetzers sowie seine »Zusätze und Berichtigungen« im Anhang wurden hier nicht wiedergegeben; seine Fußnoten im Text sind übernommen.

Inhalt

Johann Wolfgang von Goethe
AUCH ICH IN
DER CHAMPAGNE!

Nur in diesem Erstdruck hat Goethe
das Motto seiner Schrift „Campagne
in Frankreich" in den Titel hereinge-
nommen. So antwortete das „Auch ich
in der Champagne!" dem „Auch ich in
Arkadien!" der „Italienischen Reise".
Wer dieses Buch liest, dem kommt
die Illusion abhanden, die Goethezeit
sei eine behagliche Idylle gewesen.
Es ist im Angesicht von Schlachtfel-
dern entstanden – Goethes Buch über
Krieg und Frieden.

Mit einem Nachwort
von Gustav Seibt
ISBN: 978-3-86615-405-6
ET: März 2007
288 Seiten, Ladenpreis: 24,90 Euro
(D), 25,60 Euro (A), 43,90 sFr

Voltaire
DIE PRINZESSIN
VON BABYLON

Wer mit Voltaire nach Babylon reist,
der gerät nicht nur in eine Welt des
Orientalismus und Exotismus. Er
begegnet beim Lesen zugleich dem
zeitgenössischen Europa von England
bis zum Papst in Rom. Und in leicht
durchschaubarer, lockerer Verkleidung
ist eine bis heute aktuelle Reisebe-
gleiterin allgegenwärtig: die Frage
nach dem Verhältnis der europäischen
Kultur und Bildung zu ihren welt-
historischen Nachbarn.

Mit einem Nachwort von
Hans Pleschinski
ISBN: 978-3-86615-407-0
ET: März 2007
160 Seiten, Ladenpreis: 19,90 Euro
(D), 20,50 Euro (A), 34,90 sFr

William Shakespeare
VENUS UND ADONIS.
TARQUIN
UND LUKREZIA.
Zwei Gedichte in zwei Sprachen

Shakespeare gehört zu den Fixsternen
der klassischen Literatur. Hier kommt
er als Erbe der europäischen Tradition
zu Wort: im Langgedicht „Venus und
Adonis", das von der Schönheit, von
Leid und Lust der Liebe handelt, greift
er auf Ovid zurück, im tragischen
Pendant „Tarquin und Lukrezia" auf
die Erzählung des Livius über die
Schändung der Lukrezia: Ihr Selbst-
mord markiert den Übergang Roms
von der Monarchie zur Republik.
Und im Gedicht-Autor Shakespeare
meldet sich zugleich der Dramatiker
zu Wort.

Zweisprachige Ausgabe.
Mit einem Nachwort von
Burkhard Müller
ISBN: 978-3-86615-406-3
ET: März 2007
336 Seiten, Ladenpreis: 29,90 Euro
(D), 30,80 Euro (A), 51,90 sFr

Ludwig Tieck
DAS ALTE BUCH
UND DIE REISE INS
BLAUE HINEIN
Novellen

Nach dem Tod Goethes im März 1832
galt vielen Lesern der alte Ludwig
Tieck als ungekrönter König der
deutschen Literatur. In seinen späten
Novellen ließ er die alten Zauberworte
der romantischen Erzählkunst noch
einmal Revue passieren. Es sind die
Bücher selbst, die hier auf Wander-
schaft gehen, Abenteuer erleben, in die
Hände von Bearbeitern und Kopisten
fallen. Hier schreibt einer für Leser,
die sich nicht leicht hinters Licht
führen lassen.

Mit einem Nachwort von
Lothar Müller
ISBN: 978-3-86615-408-7
ET: April 2007
512 Seiten, Ladenpreis: 29,90 Euro
(D), 30,80 Euro (A), 51,90 sFr

François-René de Chateaubriand
ERINNERUNGEN AUS ITALIEN, ENGLAND UND AMERIKA

François René Vicomte de Chateaubriand gehörte zu den französischen Lesern Goethes, dessen „Werther" in seinem Werk Spuren hinterlassen hat. In diesem Band sind Erinnerungen an seine Reise nach Nordamerika 1790/91 mit Berichten aus den beiden klassischen europäischen Reiseländern des 18. Jahrhunderts zusammengestellt. Die Aufzeichnungen zählen zu den Büchern der Anna Amalia Bibliothek, die zum Bild der Neuen Welt bei den Bewohnern des alten Europa beitrugen.

Mit einem Nachwort von
Johannes Willms
ISBN: 978-3-86615-409-4
ET: Mai 2007
176 Seiten, Ladenpreis: 19,90 Euro
(D), 20,50 Euro (A), 34,90 sFr

Christoph Martin Wieland
DSCHINNISTAN ODER AUSERLESENE FEEN- UND GEISTER-MÄRCHEN

Dieser schöne Band, in dem Wieland dem Publikum eine Auswahl seiner Bearbeitungen französischer Feenmärchen präsentiert, gehört zu den charmantesten Beispielen für ein Charakteristikum der Weimarer Klassiker: Sie alle traten nicht nur als Autoren ihrer Werke, sondern zugleich als Übersetzer der Weltliteratur in Erscheinung. Von der Geschmeidigkeit, die die deutsche Literatursprache dadurch gewann, legen in diesem Buch die Feen und Geister Zeugnis ab.

Mit einem Nachwort von
Hannelore Schlaffer
ISBN: 978-3-86615-410-0
ET: Juni 2007
ca. 240 Seiten, Ladenpreis: 24,90 Euro
(D), 25,60 Euro (A), 43,90 sFr

Karl Philipp Moritz
REISEN EINES DEUTSCHEN IN ENGLAND

Von Berlin aus brach Karl Philipp Moritz ins gelobte Land der deutschen Aufklärung, nach England, auf. Als notorischer Fußgänger zog er den Spott der Einheimischen auf sich, dem deutschen Publikum brachte er eine der lebendigsten Reisebeschreibungen des 18. Jahrhunderts mit. Sie führt ins Londoner Parlament und die dortigen Buchhandlungen ebenso wie ins Dunkel der Höhle von Castleton. Als Goethe 1786 in Rom Moritz kennenlernte, glaubte er in ihm einen „jüngeren Bruder" zu erkennen.

Mit einem Nachwort von
Willi Winkler
ISBN: 978-3-86615-411-7
ET: Juli 2007
ca. 180 Seiten, Ladenpreis: 24,90 Euro
(D), 25,60 Euro (A), 43,90 sFr

Jean Paul
FREIHEITS-BÜCHLEIN

Dieses Buch, für das sein Autor ursprünglich, in Anlehnung an die Freiheitsbäume der Französischen Revolution, den Titel „Freiheitsbäumchen" erwog, ist eine der großen deutschen Streitschriften gegen die Zensur. Jean Paul, im Erzählen ein Meister der verspielten Abschweifung, geht hier, in der Erledigung aller denkbaren Argumente für die Zensur, systematisch zu Werke. Und wenn er sich am Ende als Zensor der eigenen Werke empfiehlt, tritt eine Figur mit großer Zukunft auf den Plan: die Selbstzensur.

Mit einem Nachwort von
Sibylle Lewitscharoff
ISBN: 978-3-86615-412-4
ET: August 2007
ca. 122 Seiten, Ladenpreis: 19,90 Euro
(D), 20,50 Euro (A), 34,90 sFr

George Keate / Georg Forster
NACHRICHEN
VON DEN
PELEW-INSELN

Der englische Schriftsteller George
Keate schilderte nach den Tagebüchern
des Kapitäns Wilson den Schiffbruch
der „Antelope" vor den Palau-Inseln in
der Südsee. Einer der bedeutendsten
Weltreisendender deutschen Literatur,
Georg Forster, der James Cook bei seiner
Weltreise begleitet hatte, übersetzte das
Buch in deutsche Prosa. Südsee-Abenteu-
er und ethnographischer Bericht zugleich,
zeigt dieses Buch, welche Entdeckungen
die Anna Amalia Bibliothek birgt.

Mit einem Nachwort von
Harald Eggebrecht
ISBN: 978-3-86615-413-1
ET: September 2007
ca. 400 Seiten, Ladenpreis: 29,90 Euro
(D), 30,80 Euro (A), 51,90 sFr

Friedrich Schiller
KLEINERE PROSAISCHE
SCHRIFTEN
*vom Verfasser selbst gesammelt
und verbessert (1792)*

Als Herausgeber seiner selbst präsentiert Schiller hier die Vielfalt seines
Werks: die „Sendung Moses" und
die „Philosophischen Briefe", den
„Verbrecher aus verlorener Ehre"
und das „Spiel des Schicksals", die
Antrittsvorlesung zur Universalge-
schichte und die „Briefe über Don
Carlos", die Aufsätze „Etwas über
die erste Menschengesellschaft" und
„Über Völkerwanderung, Kreuzzüge
und Mittelalter". Eine Zusammen-
stellung großartiger Prosa, in der sich
der Historiker, der Erzähler und der
Dramatiker Schiller begegnen.

Mit einem Gespräch zwischen
Alexander Kluge und Lothar Müller
ISBN: 978-3-86615-414-8
ET: September 2007
ca. 272 Seiten, Ladenpreis: 24,90 Euro
(D), 25,60 Euro (A), 43,90 sFr

Hafis / Joseph von Hammer
DER DIWAN

Als in diesem Buch der persische
Dichter Hafis zum ersten Mal in
die deutsche Sprache Eingang fand,
gehörte Goethe zu seinen hingebungs-
vollsten Lesern. Im Dialog mit dieser
reich kommentierten Ausgabe des
Orientalisten und Diplomaten Joseph
von Hammer-Purgstall schrieb er ab
1814 seinen eigenen „Divan". Nun ist
seine Vorlage wieder zu entdecken:
eine schöne Rarität.

Mit einem Nachwort von
Martin Mosebach
ISBN: 978-3-86615-415-5
ET: September 2007
ca. 596 Seiten, Ladenpreis: 29,90 Euro
(D), 30,80 Euro (A), 51,90 sFr

Johann Gottfried Herder
LIEDER DER LIEBE
*Die ältesten und schönsten aus
Morgenlande. Nebst vier
und vierzig alten Minneliedern*

„Volkspoesie" – so hieß das Zauber-
wort, mit dem Johann Gottfried
Herder den ältesten, mündlichen
Wurzeln der Poesie nachspürte.
In diesem reizvollen Band rückt
seine Übersetzung des alttestamen-
tarischen Hoheliedes an die Seite
der mittelalterlichen deutschen
Liebesdichtung: Auch die Bibel
gehört zur Weltliteratur.

Mit einem Nachwort von
Kurt Flasch
ISBN: 978-3-86615-416-2
ET: September 2007
ca. 160 Seiten, Ladenpreis: 19,90 Euro
(D), 20,50 Euro (A), 34,90 sFr

Oscar A. H. Schmitz
Das wilde Leben der Boheme
Tagebücher 1896-1906
Herausgegeben und mit einem
Nachwort von Wolfgang Martynkewicz
Leinen. 540 Seiten
ISBN 978-3-351-03097-1

Ein editorisches Ereignis

Ein beeindruckendes Panorama des Fin de siècle. Kunst, Erotik,
Reisen – die erstmals veröffentlichten Tagebücher des Schriftstellers
Oscar A. H. Schmitz zeigen die Passionen eines Dandys, der die
geistigen Strömungen seiner Zeit begierig aufsog. Eine wahre
Fundgrube, bedeutendes Zeitzeugnis und große Literatur zugleich.
Oscar A. H. Schmitz hat alle Hoffnungen auf eine akademisch-
bürgerliche Laufbahn aufgegeben. In der Münchner Boheme gehört
er zu den Außenseitern der literarischen Szene. Von innerer Unruhe
getrieben, flieht er nach Paris, setzt sich den Reizen der Großstadt
aus. Er inszeniert sich als Dandy und Don Juan, stürzt sich in eroti-
sche Abenteuer, sucht den Rausch und die Ekstase. Sein Lebenselixier
ist der Umgang mit interessanten Zeitgenossen wie Sigmund Freud,
Frank Wedekind, Heinrich und Thomas Mann. Mit Akribie hält er
alle die Begegnungen in seinem Tagebuch fest, das sich wie ein
Who's who der intellektuellen Welt liest.

»Ein hervorragend gescheiter Schriftsteller.« THOMAS MANN

Weitere Bände:
Ein Dandy auf Reisen. Tagebücher 1907-1912. ISBN 978-3-351-03098-8
Durch das Land der Dämonen. Tagebücher 1913-1918. ISBN 978-3-351-03099-5

Mehr Informationen erhalten Sie unter
www.aufbauverlagsgruppe.de oder in Ihrer Buchhandlung

aufbau
AUFBAU VERLAGSGRUPPE

Heinrich Heine
Leben Sie wohl und hole Sie der Teufel
Biographie in Briefen
Herausgegeben von Jan-Christoph Hauschild
Gebunden. 477 Seiten
ISBN 978-3-351-03056-8

Heinrich Heine unverstellt

Nirgendwo offenbart sich Heine so unmittelbar wie in seinen
Briefen, die er selbst ein Thermometer seiner Gemütsstimmung
nannte. Mit ihrer Hilfe organisierte er seine Polemiken und öffentlichen Abrechnungen, in ihnen hielt er seinen Alltag fest, brüskierte
seine Feinde und umwarb seine Freundinnen und Freunde. Hier
zieht er alle sprachlichen Register. Er überredet, beschwört, droht
und schmeichelt, um seine Zwecke durchzusetzen. Das Leitmotiv,
die unerfüllte und hoffnungslose Liebe, wird im Eingangsbrief des
19jährigen angeschlagen: »Sie liebt mich nicht!« Den Schlußakkord
setzt ein Billett des todkranken Dichters an Elise Krinitz, die letzte
seiner imaginären Geliebten: »Misère, dein Name ist H. H.«
Ein literarisches Ereignis: die exzellente Neuübersetzung der
französischen Heine-Briefe von Ingo Fellrath.

»Eine Fundgrube für Heine-Liebhaber.« DIE WELT

Mehr von Heinrich Heine:
Hundert Gedichte. ISBN 978-3-351-02946-2
Gib mir Küsse, gib mir Wonne. Frivole Gedichte. ISBN 978-3-351-03038-4
Madame, ich liebe Sie! Gedichte. Lesung. ISBN 978-3-89813-527-6

Mehr Informationen erhalten Sie unter
www.aufbauverlagsgruppe.de oder in Ihrer Buchhandlung

aufbau
AUFBAU VERLAGSGRUPPE

August von Goethe
Wir waren sehr heiter
Reisetagebuch 1819
Herausgegeben von Gabriele Radecke
Gebunden. 240 Seiten
ISBN 978-3-351-03209-8

Spannender Blick auf die Vater-Sohn-Beziehung

Im Mai 1819 brach August von Goethe mit seiner Frau nach Preußen und Sachsen auf. 188 Jahre später, erscheint sein Tagebuch mit vielen, teils unveröffentlichten, Briefen aus seinem Umfeld. Es ist wie ein großer fortgesetzter Brief an den Vater in vielerlei Spiegelungen. Mit unveröffentlichten Briefen von Ottilie von Goethe, Adele Schopenhauer, Graf Brühl u. a.

Täglich führt der Sohn Tagebuch, so wie es der Vater will. Er notiert die Erlebnisse seiner Reise nach Potsdam, Berlin, Dessau, Dresden, Leipzig und in die Sächsische Schweiz. In den Tagebuchtext eingefügt sind Augusts Briefe an den Vater und dessen Antworten sowie Ottilies Korrespondenz mit der Mutter und den Freunden – eine bedeutsame Stimmencollage, in der Szenen einer spannungsreichen Ehe und einer schwierigen Vater-Sohn-Beziehung aufscheinen.

Mehr Informationen erhalten Sie unter
www.aufbauverlagsgruppe.de oder in Ihrer Buchhandlung

aufbau

AUFBAU VERLAGSGRUPPE

Theodor Fontane
Die Poggenpuhls
Roman. Band 16. Große Brandenburger Ausgabe
Herausgegeben von Gabriele Radecke
Leinen. 292 Seiten
ISBN 978-3-351-03128-9

Moderner Großstadtroman

Fontanes vorletzter Roman ist ein höchst amüsantes Kabinettstück
über die Verkehrung von Sein und Schein, in dem sich Komik und
Kritik durchdringen. Vorzügliche Textdarbietung, umfassender
Kommentar und die Nutzung unbekannten Archivmaterials sind
die Markenzeichen auch dieses Bandes der Großen Brandenburger
Ausgabe: Seit dem ruhmreichen Schlachtentod des Majors wohnt
die Witwe Albertine Pogge von Poggenpuhl mit ihren drei Töchtern
in ärmlichen Verhältnissen. Doch der berühmte Name verpflichtet,
auch wenn der Mangel inzwischen überall durchscheint und die
Interessen der Jugend ganz andere sind. Die Zeit der Heldentaten
ist vorbei. Dafür jagen Töchter und Söhne den trügerischen Bildern
von Glück und Liebe, Wohlstand und Sicherheit nach.

**»Große Brandenburger Ausgabe – ein editorisches Ereignis
ersten Ranges.«** FRANKFURTER RUNDSCHAU

Weitere Bände aus der Großen Brandenburger Ausgabe (angelegt auf 21 Bände):
Unterm Birnbaum. Band 8. ISBN 978-3-351-03120-3
Irrungen, Wirrungen. Band 10. ISBN 978-3-351-03122-X
Effi Briest. Band 15. ISBN 978-3-351-03127-0
Der Stechlin. Band 17. ISBN 978-3-351-03129-7

Mehr Informationen erhalten Sie unter
www.aufbauverlagsgruppe.de oder in Ihrer Buchhandlung

aufbau
AUFBAU VERLAGSGRUPPE